U0732470

经济数学基础

线性代数

JINGJI SHUXUE JICHU　XIANXING DAISHU

经济数学基础课程组　编

国家开放大学出版社 · 北京

图书在版编目（CIP）数据

经济数学基础．线性代数／经济数学基础课程组编．—北京：国家开放大学出版社，2021.1
ISBN 978－7－304－10617－1

Ⅰ.①经… Ⅱ.①经… Ⅲ.①经济数学—开放教育—教材 ②线性代数—开放教育—教材 Ⅳ.①F224.0 ②O151.2

中国版本图书馆 CIP 数据核字（2020）第 260787 号

经济数学基础　线性代数
JINGJI SHUXUE JICHU　XIANXING DAISHU
经济数学基础课程组　编

出版·发行：国家开放大学出版社
电话：营销中心 010－68180820　　总编室 010－68182524
网址：http://www.crtvup.com.cn
地址：北京市海淀区西四环中路 45 号　　**邮编：**100039
经销：新华书店北京发行所

策划编辑：陈　蕊　　**版式设计：**何智杰
责任编辑：王　可　　**责任校对：**吕昀谿
责任印制：赵连生

印刷：中煤（北京）印务有限公司
版本：2021 年 1 月第 1 版　　2021 年 1 月第 1 次印刷
开本：787mm×1092mm　1/16　　**印张：**8　　**字数：**178 千字

书号：ISBN 978－7－304－10617－1
定价：24.00 元

（如有缺页或倒装，本社负责退换）
意见及建议：OUCP_KFJY@ouchn.edu.cn

Preface 前言

近年来，我国经济持续快速增长，综合国力不断增强，人们的生活水平显著提高. 随着经济发展和社会进步，社会主义市场经济体制日趋完善，经济管理受到了越来越多的关注，实现经济管理现代化成为大势所趋. 这在客观上对经济研究提出了更高的要求，因为没有高质量的经济研究，高水平的经济管理就无法得到支撑. 现代的经济研究离不开数学，数学已经渗透到经济研究的各个领域，未来的高素质经济管理人才不能不懂数学. 为此，国家开放大学经济与管理类各专业开设了“经济数学基础”课程，旨在为学生学习后续课程和今后工作打下必要的数学基础. 本套教材正是这门课程配套的文字教材.

本套教材坚持“数学为体，经济为用”的原则，根据课程教学大纲的要求，选择了一元函数微积分、线性代数、概率论与数理统计等高等数学的基础知识. 为了适应新时代的人才培养目标和教学改革要求，秉承“突出数学思想，强化经济应用”的理念，本套教材在教学内容的选择和编排上做了一些有益的尝试，主要体现在以下 3 个方面：

1. 数经结合，贯穿始终

正如书名所言，把数学与经济有机地结合起来是本套教材贯穿始终的指导思想. 每章开头都有一个“引子”，以当前经济生活中的热点问题为例，引入本章学习的数学知识. 每个知识点的讲解都尽可能地与经济实例联系起来，在数学与经济之间架起一座桥梁，让学生看到知识点从哪里来（数学思想）、到哪里去（经济应用）. 在学完相关知识后，再回过头分析和解决“引子”中提出的问题. 这样既激发了学生的学习兴趣，又培养了学生运用数学知识分析和解决实际问题的能力.

2. 删繁就简，取其精华

本套教材在保证数学知识体系的严谨性和完整性的基础上，删节了部分艰深的理论推导，简化了一些抽象的定理证明，充分借助于几何图形和实际意义来解释相关概念与结论. 这样既压缩了篇幅，降低了难度，减轻了学生的学习负担，又可以让学生从推理论证的细枝末节中解脱出来，将更多的精力放在把握数学思想和方法上.

3. 主辅合一，便于自学

本套教材是主辅合一的教材. 每章在基本教学内容之后，设计了“分析与解题”部分，其中除解析本章的重点与难点以外，特别值得一提的是“跟我学解题”环节. 这里的每道题涉及的都是本章的关键知识点和常见考点，首先是例题，通过分析和详解完整地呈现解题思路与过程；其次是对照练习，以填空题的形式一步步引导学生掌握解题方法；最后是自我练习，让学生进一步巩固和检验自己的学习成果. 这样设计遵循了学生的认知规律，有利于学生自主学习.

本套教材是课程组成员在充分借鉴“经济数学基础”课程以往教材的基础上共同编写完成的，分为三册:《微积分》《线性代数》《概率论与数理统计》，具体编写分工如下.

《微积分》：陈卫红编写第 1 章和第 6 章的 6.3 节；赵坚编写第 2 章；顾静相编写第 3 章；常会敏编写第 4 章和第 5 章；赵佳编写第 6 章的 6.1 节和 6.2 节.

《线性代数》：顾静相编写第 1 章；赵坚编写第 2 章；张旭红编写第 3 章.

《概率论与数理统计》：常会敏编写第 1 章和第 2 章；赵佳编写第 3 章和第 4 章.

在本套教材的编写过程中，编者得到了国家开放大学李林曙教授的悉心指导. 中国人民大学严守权教授、北京工商大学刘艳楠教授和北京化工大学赵中华副教授对初稿进行了审定，提出了很多宝贵的建议. 国家开放大学出版社编辑邹伯夏、陈蕊、王可为本书的出版付出了辛勤劳动. 在此向他们一并表示衷心的感谢.

由于编者水平有限，书中难免有不足之处，敬请使用本套教材的广大读者批评指正.

编　者

2020 年 9 月于北京

Contents 目 录

引子

你知道他们创造的总产值是多少吗?

某施工公司主要由建筑队、电气队、机械队3个工程队组成.该公司要求各工程队在对外服务的同时,它们之间也要互相提供服务.经过测算,建筑队每单位产值分别需要电气队、机械队的0.1单位和0.3单位服务,电气队每单位产值分别需要建筑队、机械队的0.2单位和0.4单位服务,机械队每单位产值分别需要建筑队、电气队的0.3单位和0.4单位服务.同时,在某一时期内,每个工程队对外服务所创造的产值如下:建筑队为500万元,电气队为700万元,机械队为600万元.那么,在这一时期内,每个工程队创造的总产值是多少?

假设建筑队、电气队、机械队3个工程队创造的总产值分别为$x_i(i=1,2,3)$万元,那么,建筑队的总产值应该包含提供给电气队每单位产值0.2单位的服务费$0.2x_2$万元、提供给机械队每单位产值0.3单位的服务费$0.3x_3$万元,以及对外服务所创造的产值500万元.因此,建筑队在这一时期内的总产值满足

$$0.2x_2+0.3x_3+500=x_1$$

同理,可以得到电气队、机械队的总产值分别满足

$$0.1x_1+0.4x_3+700=x_2$$

$$0.3x_1+0.4x_2+600=x_3$$

由此,我们得到一个含有3个未知量、3个方程的方程组

$$\begin{cases}0.2x_2+0.3x_3+500=x_1\\0.1x_1+0.4x_3+700=x_2\\0.3x_1+0.4x_2+600=x_3\end{cases}\tag{1-1}$$

那么,如何求解方程组(1-1)呢?即如何得到每个工程队创造的总产值呢?我们可以通过行列式的相关知识得到每个工程队创造的总产值.

第1章 行列式

由本章的“引子”可知，在生产经营等活动中，我们经常会碰到一些问题，这些问题一般可以直接或近似地表示成一些变量之间的线性关系，因此，研究线性关系是非常重要的.线性代数在研究变量之间的线性关系方面有着重要应用，而行列式是研究线性代数的重要工具.本章在简单介绍二阶、三阶行列式的基础上，进一步讨论 n 阶行列式的定义、性质和计算，以及解 n 元线性方程组的克拉默(Cramer)法则.

1.1 行列式的定义

1.1.1 二阶、三阶行列式

在初等数学中，用加减消元法求解二元一次方程组

$$\begin{cases} a_{11}x_1+a_{12}x_2=b_1 \\ a_{21}x_1+a_{22}x_2=b_2 \end{cases} \tag{1-2}$$

可得

$$\begin{cases} (a_{11}a_{22}-a_{12}a_{21})x_1=b_1a_{22}-b_2a_{12} \\ (a_{11}a_{22}-a_{12}a_{21})x_2=b_2a_{11}-b_1a_{21} \end{cases}$$

如果 $a_{11}a_{22}-a_{12}a_{21}\neq 0$，则方程组(1-2)的解为

$$\begin{cases} x_1=\dfrac{b_1a_{22}-b_2a_{12}}{a_{11}a_{22}-a_{12}a_{21}} \\ x_2=\dfrac{b_2a_{11}-b_1a_{21}}{a_{11}a_{22}-a_{12}a_{21}} \end{cases} \tag{1-3}$$

为了便于表示式(1-3)，规定记号

$$\begin{vmatrix} a & b \\ c & d \end{vmatrix}=ad-bc \tag{1-4}$$

在式(1-4)左边的记号中，共有2行和2列，故称之为二阶行列式，其中的每个数称为

元素，横排称为行，竖排称为列，从左上角到右下角的对角线称为行列式的主对角线，从右上角到左下角的对角线称为行列式的次对角线.

利用二阶行列式的概念，把方程组(1－2)中未知量 x_1，x_2 的系数用二阶行列式表示为

$$D=\begin{vmatrix} a_{11} & a_{12} \\ a_{21} & a_{22} \end{vmatrix}=a_{11}a_{22}-a_{12}a_{21}$$

把式(1－3)中的分子分别记为

$$D_1=\begin{vmatrix} b_1 & a_{12} \\ b_2 & a_{22} \end{vmatrix},\quad D_2=\begin{vmatrix} a_{11} & b_1 \\ a_{21} & b_2 \end{vmatrix}$$

故当方程组(1－2)的系数行列式 $D\neq 0$ 时，它的解可简洁地表示为

$$x_1=\frac{D_1}{D},\quad x_2=\frac{D_2}{D} \tag{1-5}$$

例 1　解二元一次方程组

$$\begin{cases} 2x_1+x_2=5 \\ x_1-3x_2=-1 \end{cases}$$

解　因为系数行列式

$$D=\begin{vmatrix} 2 & 1 \\ 1 & -3 \end{vmatrix}=2\times(-3)-1\times 1=-6-1=-7\neq 0$$

且

$$D_1=\begin{vmatrix} 5 & 1 \\ -1 & -3 \end{vmatrix}=-14$$

$$D_2=\begin{vmatrix} 2 & 5 \\ 1 & -1 \end{vmatrix}=-7$$

所以由式(1－5)可知，方程组的解为

$$x_1=\frac{D_1}{D}=\frac{-14}{-7}=2,\quad x_2=\frac{D_2}{D}=\frac{-7}{-7}=1$$

类似地，为了便于表示三元一次方程组

$$\begin{cases} a_{11}x_1+a_{12}x_2+a_{13}x_3=b_1 \\ a_{21}x_1+a_{22}x_2+a_{23}x_3=b_2 \\ a_{31}x_1+a_{32}x_2+a_{33}x_3=b_3 \end{cases} \tag{1-6}$$

的解，引进记号

$$D=\begin{vmatrix} a_{11} & a_{12} & a_{13} \\ a_{21} & a_{22} & a_{23} \\ a_{31} & a_{32} & a_{33} \end{vmatrix}$$

$$=(-1)^{1+1}a_{11}\cdot\begin{vmatrix} a_{22} & a_{23} \\ a_{32} & a_{33} \end{vmatrix}+(-1)^{1+2}a_{12}\cdot\begin{vmatrix} a_{21} & a_{23} \\ a_{31} & a_{33} \end{vmatrix}+(-1)^{1+3}a_{13}\cdot\begin{vmatrix} a_{21} & a_{22} \\ a_{31} & a_{32} \end{vmatrix}$$

$$=a_{11}(a_{22}a_{33}-a_{23}a_{32})-a_{12}(a_{21}a_{33}-a_{23}a_{31})+a_{13}(a_{21}a_{32}-a_{22}a_{31})$$

$$=a_{11}a_{22}a_{33}-a_{11}a_{23}a_{32}-a_{12}a_{21}a_{33}+a_{12}a_{23}a_{31}+a_{13}a_{21}a_{32}-a_{13}a_{22}a_{31}$$

称为三阶行列式.其中

$$\begin{vmatrix} a_{22} & a_{23} \\ a_{32} & a_{33} \end{vmatrix}$$

是原三阶行列式 D 中划去元素 a_{11} 所在的第 1 行和第 1 列后剩下的元素按原次序组成的二阶行列式,称为元素 a_{11} 的余子式,记作 M_{11},即

$$M_{11}=\begin{vmatrix} a_{22} & a_{23} \\ a_{32} & a_{33} \end{vmatrix}$$

类似地,记

$$M_{12}=\begin{vmatrix} a_{21} & a_{23} \\ a_{31} & a_{33} \end{vmatrix},\quad M_{13}=\begin{vmatrix} a_{21} & a_{22} \\ a_{31} & a_{32} \end{vmatrix}$$

并令

$$A_{ij}=(-1)^{i+j}M_{ij},\quad i,j=1,2,3$$

称为元素 a_{ij} 的代数余子式.

因此,三阶行列式也可以表示为

$$D=\begin{vmatrix} a_{11} & a_{12} & a_{13} \\ a_{21} & a_{22} & a_{23} \\ a_{31} & a_{32} & a_{33} \end{vmatrix}$$

$$=a_{11}A_{11}+a_{12}A_{12}+a_{13}A_{13}=\sum_{j=1}^{3}a_{1j}A_{1j} \tag{1-7}$$

并且它的值可以转化为二阶行列式计算.式(1-7)是三阶行列式按第 1 行展开的展开式.

利用三阶行列式的概念,当方程组(1-6)的系数行列式 $D\neq 0$ 时,它的解也可以简洁地表示为

$$x_1=\frac{D_1}{D},\quad x_2=\frac{D_2}{D},\quad x_3=\frac{D_3}{D} \tag{1-8}$$

其中,D_1,D_2,D_3 是将方程组(1-6)中的系数行列式 D 的第 1~3 列分别换成常数列

得到的三阶行列式.

例 2　解三元一次方程组

$$\begin{cases}2x_1 - x_2 + x_3 = 13\\ x_1 + x_2 + x_3 = 10\\ -x_1 + 3x_2 + 2x_3 = 1\end{cases}$$

解　利用式(1-8),先计算方程组的系数行列式.因为

$$\begin{aligned}D &= \begin{vmatrix}2 & -1 & 1\\ 1 & 1 & 1\\ -1 & 3 & 2\end{vmatrix}\\ &= 2\times\begin{vmatrix}1 & 1\\ 3 & 2\end{vmatrix} - (-1)\times\begin{vmatrix}1 & 1\\ -1 & 2\end{vmatrix} + 1\times\begin{vmatrix}1 & 1\\ -1 & 3\end{vmatrix}\\ &= 2\times(-1) + 1\times 3 + 1\times 4 = 5 \neq 0\end{aligned}$$

且

$$D_1 = \begin{vmatrix}13 & -1 & 1\\ 10 & 1 & 1\\ 1 & 3 & 2\end{vmatrix} = 35,\quad D_2 = \begin{vmatrix}2 & 13 & 1\\ 1 & 10 & 1\\ -1 & 1 & 2\end{vmatrix} = 10,\quad D_3 = \begin{vmatrix}2 & -1 & 13\\ 1 & 1 & 10\\ -1 & 3 & 1\end{vmatrix} = 5$$

所以方程组的解为

$$x_1 = \frac{D_1}{D} = 7,\quad x_2 = \frac{D_2}{D} = 2,\quad x_3 = \frac{D_3}{D} = 1$$

1.1.2　*n* 阶行列式

在 1.1.1 小节中,我们用二阶、三阶行列式分别表示二元、三元线性方程组的解.那么,含有 n 个方程的 n 元线性方程组的解能否也利用行列式表示呢?为此,下面引入 n 阶行列式的概念.

定义 1.1　由 n^2 个数排列成 n 行、n 列的特定算式,记作 D,即

$$D = \begin{vmatrix}a_{11} & a_{12} & \cdots & a_{1n}\\ a_{21} & a_{22} & \cdots & a_{2n}\\ \vdots & \vdots & & \vdots\\ a_{n1} & a_{n2} & \cdots & a_{nn}\end{vmatrix}$$

称为 ***n* 阶行列式**,简称**行列式**,其中数 $a_{ij}\,(i,j=1,2,\cdots,n)$ 为 D 的第 i 行第 j 列的元素.

当 $n=1$ 时,规定:

$$D=|a_{11}|=a_{11}$$

n 阶行列式

$$D=a_{11}A_{11}+a_{12}A_{12}+\cdots+a_{1n}A_{1n}=\sum_{j=1}^{n}a_{1j}A_{1j} \tag{1-9}$$

其中

$$A_{ij}=(-1)^{i+j}M_{ij},\quad i,j=1,2,\cdots,n$$

称为 a_{ij} 的**代数余子式**,M_{ij} 是由 D 划去第 i 行和第 j 列后剩下的元素按原次序组成的 $n-1$ 阶行列式,即

$$M_{ij}=\begin{vmatrix} a_{11} & \cdots & a_{1,j-1} & a_{1,j+1} & \cdots & a_{1n} \\ \vdots & & \vdots & \vdots & & \vdots \\ a_{i-1,1} & \cdots & a_{i-1,j-1} & a_{i-1,j+1} & \cdots & a_{i-1,n} \\ a_{i+1,1} & \cdots & a_{i+1,j-1} & a_{i+1,j+1} & \cdots & a_{i+1,n} \\ \vdots & & \vdots & \vdots & & \vdots \\ a_{n1} & \cdots & a_{n,j-1} & a_{n,j+1} & \cdots & a_{nn} \end{vmatrix}$$

称为 a_{ij} 的**余子式**.

例如,在三阶行列式

$$D=\begin{vmatrix} 0 & 2 & -7 \\ -1 & 5 & 6 \\ 3 & -4 & 8 \end{vmatrix}$$

中,元素 a_{23} 的余子式为划去第 2 行和第 3 列后的二阶行列式

$$M_{23}=\begin{vmatrix} 0 & 2 \\ 3 & -4 \end{vmatrix}$$

而 a_{23} 的代数余子式为 M_{23} 前面加上符号因子,即

$$A_{23}=(-1)^{2+3}M_{23}=-\begin{vmatrix} 0 & 2 \\ 3 & -4 \end{vmatrix}$$

式(1-9)是 n 阶行列式 D 按第 1 行展开的展开式.通过二阶、三阶行列式的展开式,我们可以推出如下结论:n 阶行列式的展开式中共有 $n!$ 个乘积项,每个乘积项中含有 n 个取自不同行、不同列的元素,并且带正号和带负号的项各占一半.

例 3 计算行列式

$$D=\begin{vmatrix} -1 & 0 & 0 & 0 \\ 8 & 9 & 0 & 0 \\ 4 & 7 & 1 & 0 \\ -2 & -4 & -6 & 7 \end{vmatrix}$$

解 由于第1行中只有一个非零元素，故按第1行展开，有

$$D=(-1)\times(-1)^{1+1}\begin{vmatrix}9&0&0\\7&1&0\\-4&-6&7\end{vmatrix}\text{（再按第1行展开）}$$

$$=(-1)\times9\times(-1)^{1+1}\begin{vmatrix}1&0\\-6&7\end{vmatrix}$$

$$=(-1)\times9\times7=-63$$

在例3的行列式D中，主对角线以上的元素全为0，这样的行列式称为**下三角形行列式**.同理，主对角线以下的元素全为0的行列式称为**上三角形行列式**.上、下三角形行列式统称**三角形行列式**.

对于下三角形行列式，有如下一般结论：n阶下三角形行列式的值等于它的主对角线上元素的乘积，即

$$\begin{vmatrix}a_{11}&0&\cdots&0\\a_{21}&a_{22}&\cdots&0\\\vdots&\vdots&&\vdots\\a_{n1}&a_{n2}&\cdots&a_{nn}\end{vmatrix}=a_{11}a_{22}\cdots a_{nn}$$

例4 计算行列式

$$D=\begin{vmatrix}-4&0&0&2\\5&-1&0&7\\0&6&1&-2\\-5&4&-3&8\end{vmatrix}$$

解 由式(1-9)，可得

$$D=(-4)\times(-1)^{1+1}\begin{vmatrix}-1&0&7\\6&1&-2\\4&-3&8\end{vmatrix}+2\times(-1)^{1+4}\begin{vmatrix}5&-1&0\\0&6&1\\-5&4&-3\end{vmatrix}$$

$$=-4\times\left[(-1)\times(-1)^{1+1}\begin{vmatrix}1&-2\\-3&8\end{vmatrix}+7\times(-1)^{1+3}\begin{vmatrix}6&1\\4&-3\end{vmatrix}\right]-$$

$$2\times\left[5\times(-1)^{1+1}\begin{vmatrix}6&1\\4&-3\end{vmatrix}+(-1)\times(-1)^{1+2}\begin{vmatrix}0&1\\-5&-3\end{vmatrix}\right]$$

$$=834$$

1.2　行列式的性质

利用 n 阶行列式的递推定义，我们可以将 n 阶行列式 D 表示为一些数与 $n-1$ 阶行列式的乘积的代数和.这个过程可以不断进行下去，直至求出行列式的值.但是当 n 较大时，计算量是相当大的.为了简化 n 阶行列式的计算，下面引入 n 阶行列式的基本性质.在介绍行列式的性质之前，首先给出 n 阶转置行列式的概念.

如果把 n 阶行列式

$$D=\begin{vmatrix} a_{11} & a_{12} & \cdots & a_{1n} \\ a_{21} & a_{22} & \cdots & a_{2n} \\ \vdots & \vdots & & \vdots \\ a_{n1} & a_{n2} & \cdots & a_{nn} \end{vmatrix}$$

中的行与列按原来的顺序互换，则得到新的行列式

$$D^{\mathrm{T}}=\begin{vmatrix} a_{11} & a_{21} & \cdots & a_{n1} \\ a_{12} & a_{22} & \cdots & a_{n2} \\ \vdots & \vdots & & \vdots \\ a_{1n} & a_{2n} & \cdots & a_{nn} \end{vmatrix}$$

将行列式 D^{T} 称为 D 的**转置行列式**.显然，D 也是 D^{T} 的转置行列式.

性质 1　行列式 D 与其转置行列式 D^{T} 相等，即 $D=D^{\mathrm{T}}$.

例如，对于二阶行列式

$$D=\begin{vmatrix} a & b \\ c & d \end{vmatrix}$$

因为

$$D=\begin{vmatrix} a & b \\ c & d \end{vmatrix}=ad-bc,\quad D^{\mathrm{T}}=\begin{vmatrix} a & c \\ b & d \end{vmatrix}=ad-bc$$

所以 $D=D^{\mathrm{T}}$.

性质 1 说明，在行列式中，行与列所处的地位是一样的，所以凡是对行成立的性质，对列同样也成立.例如，n 阶行列式的定义是按第 1 行展开的，由于行与列所处的地位一样，所以行列式也可以按第 1 列展开.

由性质 1 和 n 阶下三角形行列式的结论，我们可以得到 n 阶上三角形行列式的值等于它的主对角线上元素的乘积，即

$$\begin{vmatrix} a_{11} & a_{12} & \cdots & a_{1n} \\ 0 & a_{22} & \cdots & a_{2n} \\ \vdots & \vdots & & \vdots \\ 0 & 0 & \cdots & a_{nn} \end{vmatrix} = a_{11}a_{22}\cdots a_{nn}$$

因此,三角形行列式的值等于它的主对角线上元素的乘积.

性质2 若将 n 阶行列式 D 的任意两行(或列)互换,则行列式的值改变符号,即

$$\begin{vmatrix} a_{11} & a_{12} & \cdots & a_{1n} \\ \vdots & \vdots & & \vdots \\ a_{i1} & a_{i2} & \cdots & a_{in} \\ \vdots & \vdots & & \vdots \\ a_{j1} & a_{j2} & \cdots & a_{jn} \\ \vdots & \vdots & & \vdots \\ a_{n1} & a_{n2} & \cdots & a_{nn} \end{vmatrix} = -\begin{vmatrix} a_{11} & a_{12} & \cdots & a_{1n} \\ \vdots & \vdots & & \vdots \\ a_{j1} & a_{j2} & \cdots & a_{jn} \\ \vdots & \vdots & & \vdots \\ a_{i1} & a_{i2} & \cdots & a_{in} \\ \vdots & \vdots & & \vdots \\ a_{n1} & a_{n2} & \cdots & a_{nn} \end{vmatrix}$$

例如,设二阶行列式

$$D_1 = \begin{vmatrix} a & b \\ c & d \end{vmatrix}, \quad D_2 = \begin{vmatrix} c & d \\ a & b \end{vmatrix}$$

由

$$D_1 = \begin{vmatrix} a & b \\ c & d \end{vmatrix} = ad - bc, \quad D_2 = \begin{vmatrix} c & d \\ a & b \end{vmatrix} = bc - ad = -(ad - bc)$$

可得 $D_1 = -D_2$.

例1 计算行列式

$$\begin{vmatrix} -1 & 2 & 3 & 4 \\ a & b & c & d \\ 5 & 6 & 7 & -8 \\ a & b & c & d \end{vmatrix}$$

解 由于在该行列式中,第2行与第4行的元素相同,故可以利用性质2,将第2行与第4行互换,然后求出结果.

因为

$$\begin{vmatrix} -1 & 2 & 3 & 4 \\ a & b & c & d \\ 5 & 6 & 7 & -8 \\ a & b & c & d \end{vmatrix} \xlongequal{(②,④)} -\begin{vmatrix} -1 & 2 & 3 & 4 \\ a & b & c & d \\ 5 & 6 & 7 & -8 \\ a & b & c & d \end{vmatrix}$$

移项,可得

$$2\begin{vmatrix} -1 & 2 & 3 & 4 \\ a & b & c & d \\ 5 & 6 & 7 & -8 \\ a & b & c & d \end{vmatrix}=0$$

所以

$$\begin{vmatrix} -1 & 2 & 3 & 4 \\ a & b & c & d \\ 5 & 6 & 7 & -8 \\ a & b & c & d \end{vmatrix}=0$$

说明:一般地,写在等号上面的记号“(②,④)”表示将行列式的第 2 行与第 4 行互换.若把记号“(②,④)”写在等号下面,则表示将行列式的第 2 列与第 4 列互换.

由性质 2,我们可以得到下面的推论.

推论 1 若 n 阶行列式 D 中有两行(或列)的全部元素分别相同,则此行列式的值为 0.

性质 3 可以将 n 阶行列式 D 中一行(或列)元素的公因子提到行列式记号的外面,即

$$\begin{vmatrix} a_{11} & a_{12} & \cdots & a_{1n} \\ \vdots & \vdots & & \vdots \\ \lambda a_{i1} & \lambda a_{i2} & \cdots & \lambda a_{in} \\ \vdots & \vdots & & \vdots \\ a_{n1} & a_{n2} & \cdots & a_{nn} \end{vmatrix}=\lambda\begin{vmatrix} a_{11} & a_{12} & \cdots & a_{1n} \\ \vdots & \vdots & & \vdots \\ a_{i1} & a_{i2} & \cdots & a_{in} \\ \vdots & \vdots & & \vdots \\ a_{n1} & a_{n2} & \cdots & a_{nn} \end{vmatrix}$$

例如,二阶行列式

$$\begin{vmatrix} a_1 & a_2 \\ \lambda b_1 & \lambda b_2 \end{vmatrix}=a_1\lambda b_2-a_2\lambda b_1=\lambda(a_1b_2-a_2b_1)=\lambda\begin{vmatrix} a_1 & a_2 \\ b_1 & b_2 \end{vmatrix}$$

例 2 计算行列式

$$\begin{vmatrix} -1 & 2 & 3 & 7 \\ 8 & -9 & -7 & 5 \\ -2 & 4 & 6 & 14 \\ 2 & 11 & 9 & -13 \end{vmatrix}$$

解 因为行列式中第 3 行的元素有公因子 2,于是利用性质 3 提出公因子,再比较第 1 行与第 3 行,由推论 1 即可求出结果.

$$\begin{vmatrix} -1 & 2 & 3 & 7 \\ 8 & -9 & -7 & 5 \\ -2 & 4 & 6 & 14 \\ 2 & 11 & 9 & -13 \end{vmatrix} \overset{③2}{=\!=\!=} 2\begin{vmatrix} -1 & 2 & 3 & 7 \\ 8 & -9 & -7 & 5 \\ -1 & 2 & 3 & 7 \\ 2 & 11 & 9 & -13 \end{vmatrix} = 0$$

说明:一般地,写在等号上面的记号"③λ"(如例 2 中,$\lambda=2$)表示从行列式的第 3 行中提出公因子 λ.若把记号"③λ"写在等号下面,则表示从行列式的第 3 列中提出公因子 λ.

由性质 3 和推论 1,我们可以得到下面的推论.

推论 2 若 n 阶行列式 D 中有两行(或列)的元素对应成比例,则此行列式的值为 0.

同样,由性质 2 和定义 1.1,我们可以证明下面的结论成立.

性质 4 若 n 阶行列式中一行(或列)的每一个元素均可以写成两项之和,即

$$a_{ij}=b_{ij}+c_{ij},\quad j=1,2,\cdots,n$$

则此行列式等于两个行列式之和,这两个行列式第 i 行的元素分别是 $b_{i1},b_{i2},\cdots,b_{in}$ 和 $c_{i1},c_{i2},\cdots,c_{in}$,其他各行(或列)的元素与原行列式相应的元素相同,即

$$\begin{vmatrix} a_{11} & a_{12} & \cdots & a_{1n} \\ \vdots & \vdots & & \vdots \\ b_{i1}+c_{i1} & b_{i2}+c_{i2} & \cdots & b_{in}+c_{in} \\ \vdots & \vdots & & \vdots \\ a_{n1} & a_{n2} & \cdots & a_{nn} \end{vmatrix} = \begin{vmatrix} a_{11} & a_{12} & \cdots & a_{1n} \\ \vdots & \vdots & & \vdots \\ b_{i1} & b_{i2} & \cdots & b_{in} \\ \vdots & \vdots & & \vdots \\ a_{n1} & a_{n2} & \cdots & a_{nn} \end{vmatrix} + \begin{vmatrix} a_{11} & a_{12} & \cdots & a_{1n} \\ \vdots & \vdots & & \vdots \\ c_{i1} & c_{i2} & \cdots & c_{in} \\ \vdots & \vdots & & \vdots \\ a_{n1} & a_{n2} & \cdots & a_{nn} \end{vmatrix}$$

例如,二阶行列式

$$\begin{aligned} \begin{vmatrix} a & b \\ c_1+c_2 & d_1+d_2 \end{vmatrix} &= a(d_1+d_2)-b(c_1+c_2) \\ &= (ad_1-bc_1)+(ad_2-bc_2) \\ &= \begin{vmatrix} a & b \\ c_1 & d_1 \end{vmatrix} + \begin{vmatrix} a & b \\ c_2 & d_2 \end{vmatrix} \end{aligned}$$

对于性质 4 的证明,只需将 n 阶行列式中的第 i 行与第 1 行交换,然后按定义展开,比较等式两边是相同的即可.

例 3 计算行列式

$$\begin{vmatrix} 3 & 2 & 1 \\ 290 & 196 & 106 \\ 5 & 2 & -3 \end{vmatrix}$$

解　把行列式中第 2 行的元素分别看作 300－10,200－4,100＋6,利用性质 4,将其写成两个行列式之和,再由推论 2 和性质 3,可得

$$\begin{vmatrix} 3 & 2 & 1 \\ 290 & 196 & 106 \\ 5 & 2 & -3 \end{vmatrix} = \begin{vmatrix} 3 & 2 & 1 \\ 300-10 & 200-4 & 100+6 \\ 5 & 2 & -3 \end{vmatrix}$$

$$= \begin{vmatrix} 3 & 2 & 1 \\ 300 & 200 & 100 \\ 5 & 2 & -3 \end{vmatrix} + \begin{vmatrix} 3 & 2 & 1 \\ -10 & -4 & 6 \\ 5 & 2 & -3 \end{vmatrix}$$

$$=0+(-2)\begin{vmatrix} 3 & 2 & 1 \\ 5 & 2 & -3 \\ 5 & 2 & -3 \end{vmatrix}=0$$

性质 5　若将 n 阶行列式的某一行(或列)的倍数加到另一行(或列)对应的元素上,则行列式的值不变,即

$$\begin{vmatrix} a_{11} & a_{12} & \cdots & a_{1n} \\ \vdots & \vdots & & \vdots \\ a_{i1} & a_{i2} & \cdots & a_{in} \\ \vdots & \vdots & & \vdots \\ a_{k1} & a_{k2} & \cdots & a_{kn} \\ \vdots & \vdots & & \vdots \\ a_{n1} & a_{n2} & \cdots & a_{nn} \end{vmatrix} = \begin{vmatrix} a_{11} & a_{12} & \cdots & a_{1n} \\ \vdots & \vdots & & \vdots \\ a_{i1} & a_{i2} & \cdots & a_{in} \\ \vdots & \vdots & & \vdots \\ \lambda a_{i1}+a_{k1} & \lambda a_{i2}+a_{k2} & \cdots & \lambda a_{in}+a_{kn} \\ \vdots & \vdots & & \vdots \\ a_{n1} & a_{n2} & \cdots & a_{nn} \end{vmatrix}$$

例如,二阶行列式

$$\begin{vmatrix} a_1 & a_2 \\ b_1+\lambda a_1 & b_2+\lambda a_2 \end{vmatrix} = a_1(b_2+\lambda a_2)-a_2(b_1+\lambda a_1)$$

$$=(a_1b_2-a_2b_1)+\lambda(a_1a_2-a_2a_1)$$

$$=\begin{vmatrix} a_1 & a_2 \\ b_1 & b_2 \end{vmatrix}$$

例 4　计算行列式

$$\begin{vmatrix} a-b & a & b \\ -a & b-a & a \\ b & -b & -a-b \end{vmatrix}$$

其中 $a,b\neq 0$.

解　利用性质 5,将行列式中第 2 行的 1 倍加到第 1 行上,再由推论 2,可得

$$\begin{vmatrix} a-b & a & b \\ -a & b-a & a \\ b & -b & -a-b \end{vmatrix} \xlongequal{①+②1} \begin{vmatrix} -b & b & a+b \\ -a & b-a & a \\ b & -b & -a-b \end{vmatrix} = 0$$

说明：一般地，写在等号上面的记号“①＋②λ”（如例 4 中，$\lambda=1$）表示将行列式的第 2 行乘以常数 λ（如果 $\lambda=1$，可以不写）加到第 1 行上.若把记号“①＋②λ”写在等号下面，则表示将行列式的第 2 列乘以常数 λ 加到第 1 列上.如果在一个等号上面（或下面）同时出现几个这样的记号，则按从上到下的顺序依次进行行（或列）运算.

规定：

(1)记号“ⓘλ”表示对第 i 行（或列）提出公因子 λ.

(2)记号“(ⓘ,ⓙ)”表示将第 i 行（或列）与第 j 行（或列）互换.

(3)记号“ⓘ＋ⓙλ”表示将第 j 行（或列）乘以常数 λ 加到第 i 行（或列）上.

性质 6 n 阶行列式可以按任意一行（或列）展开，即

$$\begin{vmatrix} a_{11} & a_{12} & \cdots & a_{1n} \\ \vdots & \vdots & & \vdots \\ a_{i1} & a_{i2} & \cdots & a_{in} \\ \vdots & \vdots & & \vdots \\ a_{n1} & a_{n2} & \cdots & a_{nn} \end{vmatrix} = a_{i1}A_{i1} + a_{i2}A_{i2} + \cdots + a_{in}A_{in}, \quad i=1,2,\cdots,n$$

性质 6 也可以称为 **n 阶行列式按行(或列)展开定理**.

性质 7 n 阶行列式

$$D = \begin{vmatrix} a_{11} & a_{12} & \cdots & a_{1n} \\ \vdots & \vdots & & \vdots \\ a_{i1} & a_{i2} & \cdots & a_{in} \\ \vdots & \vdots & & \vdots \\ a_{k1} & a_{k2} & \cdots & a_{kn} \\ \vdots & \vdots & & \vdots \\ a_{n1} & a_{n2} & \cdots & a_{nn} \end{vmatrix} \begin{matrix} \\ \\ \text{第 } i \text{ 行} \\ \\ \text{第 } k \text{ 行} \\ \\ \\ \end{matrix}$$

中任意一行的元素与另一行元素的代数余子式的乘积之和为 0，即当 $i \neq k$ 时，有

$$a_{k1}A_{i1} + a_{k2}A_{i2} + \cdots + a_{kn}A_{in} = 0$$

由性质 6 和性质 7，我们可以得到

$$\sum_{j=1}^{n} a_{ij}A_{kj} = \begin{cases} D, & i=k \\ 0, & i \neq k \end{cases}$$

或

$$\sum_{j=1}^{n} a_{ji}A_{jk} = \begin{cases} D, & i=k \\ 0, & i \neq k \end{cases}$$

性质 6 主要用于行列式的计算，性质 7 主要用于一些理论的证明，如用其证明克拉默法则(见 1.4 节).

例 5 计算行列式

$$\begin{vmatrix} 3 & 2 & 0 & 8 \\ 4 & -9 & 2 & 10 \\ -1 & 6 & 0 & -7 \\ -2 & 4 & -1 & -5 \end{vmatrix}$$

解 因为行列式的第 3 列中有两个零元素，且元素 2 是元素 -1 的倍数，所以利用性质 5，将第 3 列中的元素 2 变为 0，再用性质 6 按第 3 列展开，化简，求出最后结果，即

$$\begin{vmatrix} 3 & 2 & 0 & 8 \\ 4 & -9 & 2 & 10 \\ -1 & 6 & 0 & -7 \\ -2 & 4 & -1 & -5 \end{vmatrix} \xlongequal{②+④2} \begin{vmatrix} 3 & 2 & 0 & 8 \\ 0 & -1 & 0 & 0 \\ -1 & 6 & 0 & -7 \\ -2 & 4 & -1 & -5 \end{vmatrix}$$

$$= -1 \times (-1)^{4+3} \begin{vmatrix} 3 & 2 & 8 \\ 0 & -1 & 0 \\ -1 & 6 & -7 \end{vmatrix}$$

$$= -1 \times (-1)^{2+2} \begin{vmatrix} 3 & 8 \\ -1 & -7 \end{vmatrix}$$

$$= -(-21+8) = 13$$

1.3 行列式的计算

行列式的基本计算方法之一是根据行列式的特点，利用行列式的性质，将其逐步化为三角形行列式，由前面的结论可知，三角形行列式的值就是其主对角线上元素的乘积.这种方法一般叫作“**化三角形法**”.

对于一般以数字为元素的行列式的计算，可以利用行(或列)互换以及对行(或列)的倍加运算将其化为三角形行列式，再计算得到行列式的值.

例 1 计算行列式

$$\begin{vmatrix} 1 & 2 & 0 & 1 \\ 1 & 3 & 5 & 0 \\ 1 & 2 & 3 & 4 \\ 0 & 1 & 5 & 6 \end{vmatrix}$$

解　利用行列式的性质，将其化为三角形行列式，再求其值，即

$$\begin{vmatrix} 1 & 2 & 0 & 1 \\ 1 & 3 & 5 & 0 \\ 1 & 2 & 3 & 4 \\ 0 & 1 & 5 & 6 \end{vmatrix} \xlongequal[\text{③}+\text{①}(-1)]{\text{②}+\text{①}(-1)} \begin{vmatrix} 1 & 2 & 0 & 1 \\ 0 & 1 & 5 & -1 \\ 0 & 0 & 3 & 3 \\ 0 & 1 & 5 & 6 \end{vmatrix} \xlongequal{\text{④}+\text{②}(-1)} \begin{vmatrix} 1 & 2 & 0 & 1 \\ 0 & 1 & 5 & -1 \\ 0 & 0 & 3 & 3 \\ 0 & 0 & 0 & 7 \end{vmatrix} = 21$$

例 2　计算行列式

$$\begin{vmatrix} 2 & -5 & 1 & 2 \\ -3 & 7 & -1 & 4 \\ 5 & -9 & 2 & 7 \\ 0 & -7 & 1 & 2 \end{vmatrix}$$

解　利用行列式的性质，将其化为三角形行列式，再求其值，即

$$\begin{vmatrix} 2 & -5 & 1 & 2 \\ -3 & 7 & -1 & 4 \\ 5 & -9 & 2 & 7 \\ 0 & -7 & 1 & 2 \end{vmatrix} \xlongequal[(\text{①},\text{③})]{} - \begin{vmatrix} 1 & -5 & 2 & 2 \\ -1 & 7 & -3 & 4 \\ 2 & -9 & 5 & 7 \\ 1 & -7 & 0 & 2 \end{vmatrix}$$

$$\xlongequal{\substack{\text{②}+\text{①} \\ \text{③}+\text{①}(-2) \\ \text{④}+\text{①}(-1)}} - \begin{vmatrix} 1 & -5 & 2 & 2 \\ 0 & 2 & -1 & 6 \\ 0 & 1 & 1 & 3 \\ 0 & -2 & -2 & 0 \end{vmatrix}$$

$$\xlongequal{(\text{②},\text{③})} \begin{vmatrix} 1 & -5 & 2 & 2 \\ 0 & 1 & 1 & 3 \\ 0 & 2 & -1 & 6 \\ 0 & -2 & -2 & 0 \end{vmatrix}$$

$$\xlongequal{\substack{\text{③}+\text{②}(-2) \\ \text{④}+\text{②}2}} \begin{vmatrix} 1 & -5 & 2 & 2 \\ 0 & 1 & 1 & 3 \\ 0 & 0 & -3 & 0 \\ 0 & 0 & 0 & 6 \end{vmatrix} = -18$$

将元素为数字的行列式化为上三角形行列式的一般步骤如下：

(1)把元素 a_{11} 变换为 1(例 2 是通过列变换来实现的，有时也可以通过在第 1 行

中提出 a_{11} 来实现，但要注意尽量避免将元素化为分数，否则将给后面的计算增加困难）.

(2)将第 1 行分别乘以 $-a_{21},-a_{31},\cdots,-a_{n1}$ 加到第 2,3,…,n 行上，把第 1 列中 a_{11} 下面的元素全部化为 0.

(3)从第 2 行开始，依次用类似的方法把主对角线上 $a_{22},a_{33},\cdots,a_{n-1,n-1}$ 下面的元素全部化为 0，即可得到上三角形行列式.

⚠注意：在上述变换过程中，主对角线上元素 $a_{ii}(i=1,2,\cdots,n-1)$ 不能为 0.若出现 0，则可以通过行变换或列变换使得主对角线上的元素不为 0.

计算行列式的另一种基本方法是选择零元素最多的行（或列），按这一行（或列）展开，将行列式化为几个（甚至一个）低一阶的行列式的代数和；如果原行列式中没有一行（或列）的多数元素为零元素，则可以利用行列式的性质，将某一行（或列）化为只有一两个非零元素，其他均为零元素，然后按这一行（或列）展开.按此方法逐步降阶，直至计算出结果.这种方法一般称为“**降阶法**”.

例 3　计算行列式

$$\begin{vmatrix} \frac{2}{3} & 0 & 0 & \frac{1}{3} \\ 5 & 1 & 3 & -1 \\ \frac{3}{2} & \frac{1}{2} & -\frac{1}{2} & 0 \\ 0 & -5 & 3 & 1 \end{vmatrix}$$

解　为避免分数运算，利用性质 3，把第 1 行和第 3 行中的分数化为整数，即

$$\begin{vmatrix} \frac{2}{3} & 0 & 0 & \frac{1}{3} \\ 5 & 1 & 3 & -1 \\ \frac{3}{2} & \frac{1}{2} & -\frac{1}{2} & 0 \\ 0 & -5 & 3 & 1 \end{vmatrix} \xlongequal[③\frac{1}{2}]{①\frac{1}{3}} \frac{1}{3}\times\frac{1}{2}\begin{vmatrix} 2 & 0 & 0 & 1 \\ 5 & 1 & 3 & -1 \\ 3 & 1 & -1 & 0 \\ 0 & -5 & 3 & 1 \end{vmatrix}$$

$$\xlongequal[①+④(-2)]{} \frac{1}{6}\begin{vmatrix} 0 & 0 & 0 & 1 \\ 7 & 1 & 3 & -1 \\ 3 & 1 & -1 & 0 \\ -2 & -5 & 3 & 1 \end{vmatrix}$$

$$=\frac{1}{6}\times 1\times(-1)^{1+4}\begin{vmatrix}7 & 1 & 3\\ 3 & 1 & -1\\ -2 & -5 & 3\end{vmatrix}$$

$$\xlongequal[\text{②}+\text{③}]{\text{①}+\text{③}3}-\frac{1}{6}\begin{vmatrix}16 & 4 & 3\\ 0 & 0 & -1\\ 7 & -2 & 3\end{vmatrix}$$

$$=-\frac{1}{6}\times(-1)\times(-1)^{2+3}\begin{vmatrix}16 & 4\\ 7 & -2\end{vmatrix}$$

$$=-\frac{1}{6}\times(-32-28)=10$$

例 4　计算行列式

$$D=\begin{vmatrix}0 & a_1 & a_2 & a_3 & a_4\\ -a_1 & 0 & b_1 & b_2 & b_3\\ -a_2 & -b_1 & 0 & c_1 & c_2\\ -a_3 & -b_2 & -c_1 & 0 & d\\ -a_4 & -b_3 & -c_2 & -d & 0\end{vmatrix}$$

解　将行列式 D 的行与列互换,可得

$$D^{\mathrm{T}}=\begin{vmatrix}0 & -a_1 & -a_2 & -a_3 & -a_4\\ a_1 & 0 & -b_1 & -b_2 & -b_3\\ a_2 & b_1 & 0 & -c_1 & -c_2\\ a_3 & b_2 & c_1 & 0 & -d\\ a_4 & b_3 & c_2 & d & 0\end{vmatrix}$$

一方面,由性质 1,可得

$$D=D^{\mathrm{T}} \tag{1-10}$$

另一方面,将 D^{T} 中每一行提出公因子-1,可得

$$D^{\mathrm{T}}=(-1)^5D=-D \tag{1-11}$$

比较式(1-10)和式(1-11),可得

$$D=-D$$

即

$$D=0$$

⚠注意:例 4 中行列式第 i 行第 j 列的元素 a_{ij} 与第 j 行第 i 列的元素 a_{ji} 仅相差一个负号,即 $a_{ij}=-a_{ji}$.具有这种性质的行列式称为**反对称行列式**.

可以证明:奇数阶反对称行列式的值等于 0.

例 5　解方程

$$\begin{vmatrix} 1 & 4 & 3 & 2 \\ 2 & x+4 & 6 & 4 \\ 3 & -2 & x & 1 \\ -3 & 2 & 5 & -1 \end{vmatrix}=0$$

解　方法 1　利用降阶法求行列式的值,它是未知量 x 的二次方程,即

$$\begin{vmatrix} 1 & 4 & 3 & 2 \\ 2 & x+4 & 6 & 4 \\ 3 & -2 & x & 1 \\ -3 & 2 & 5 & -1 \end{vmatrix} \xlongequal[③+④]{②+①(-2)} \begin{vmatrix} 1 & 4 & 3 & 2 \\ 0 & x-4 & 0 & 0 \\ 0 & 0 & x+5 & 0 \\ -3 & 2 & 5 & -1 \end{vmatrix}$$

$$=(x-4)\cdot(-1)^{2+2}\begin{vmatrix} 1 & 3 & 2 \\ 0 & x+5 & 0 \\ -3 & 5 & -1 \end{vmatrix}$$

$$=(x-4)(x+5)\cdot(-1)^{2+2}\begin{vmatrix} 1 & 2 \\ -3 & -1 \end{vmatrix}$$

$$=5(x-4)(x+5)$$

由 $5(x-4)(x+5)=0$,可得方程的解是 $x_1=4, x_2=-5$.

方法 2　通过观察,如果令 $x+4=8$,即 $x=4$,则行列式中第 2 行的元素是第 1 行对应元素的 2 倍.根据推论 2,该行列式的值为 0,所以 $x=4$ 是方程的一个解.

同样,通过观察,如果令 $x=-5$,则行列式中第 3 行的元素是第 4 行对应元素的 -1 倍.根据推论 2,该行列式的值为 0,所以 $x=-5$ 是方程的另一个解.

由于方程是关于 x 的二次方程,故 $x_1=4, x_2=-5$ 为方程的全部解.

最后给出计算行列式的两个非常有用的结论.对于 n 阶行列式,用归纳法可以证明:

$$\begin{vmatrix} a_{11} & \cdots & a_{1k} & c_{11} & \cdots & c_{1m} \\ \vdots & & \vdots & \vdots & & \vdots \\ a_{k1} & \cdots & a_{kk} & c_{k1} & \cdots & c_{km} \\ 0 & \cdots & 0 & b_{11} & \cdots & b_{1m} \\ \vdots & & \vdots & \vdots & & \vdots \\ 0 & \cdots & 0 & b_{m1} & \cdots & b_{mm} \end{vmatrix} = \begin{vmatrix} a_{11} & \cdots & a_{1k} \\ \vdots & & \vdots \\ a_{k1} & \cdots & a_{kk} \end{vmatrix} \begin{vmatrix} b_{11} & \cdots & b_{1m} \\ \vdots & & \vdots \\ b_{m1} & \cdots & b_{mm} \end{vmatrix} \qquad (1-12)$$

利用性质 1,可以得到式(1 - 12)的另一个结论,即

$$\begin{vmatrix} a_{11} & \cdots & a_{1k} & 0 & \cdots & 0 \\ \vdots & & \vdots & \vdots & & \vdots \\ a_{k1} & \cdots & a_{kk} & 0 & \cdots & 0 \\ c_{11} & \cdots & c_{1k} & b_{11} & \cdots & b_{1m} \\ \vdots & & \vdots & \vdots & & \vdots \\ c_{m1} & \cdots & c_{mk} & b_{m1} & \cdots & b_{mm} \end{vmatrix} = \begin{vmatrix} a_{11} & \cdots & a_{1k} \\ \vdots & & \vdots \\ a_{k1} & \cdots & a_{kk} \end{vmatrix} \begin{vmatrix} b_{11} & \cdots & b_{1m} \\ \vdots & & \vdots \\ b_{m1} & \cdots & b_{mm} \end{vmatrix} \tag{1-13}$$

1.4 克拉默法则

我们在1.1节中提出过这样一个问题:当求解含有 n 个方程的 n 元线性方程组时,能否也像二元、三元线性方程组那样,利用行列式表示其解呢?下面讨论这个问题.

设含有 n 个方程的 n 元线性方程组为

$$\begin{cases} a_{11}x_1 + a_{12}x_2 + \cdots + a_{1n}x_n = b_1 \\ a_{21}x_1 + a_{22}x_2 + \cdots + a_{2n}x_n = b_2 \\ \qquad\qquad \cdots\cdots \\ a_{n1}x_1 + a_{n2}x_2 + \cdots + a_{nn}x_n = b_n \end{cases} \tag{1-14}$$

由系数 $a_{ij}(i,j=1,2,\cdots,n)$ 组成的行列式

$$D = \begin{vmatrix} a_{11} & a_{12} & \cdots & a_{1n} \\ a_{21} & a_{22} & \cdots & a_{2n} \\ \vdots & \vdots & & \vdots \\ a_{n1} & a_{n2} & \cdots & a_{nn} \end{vmatrix}$$

称为方程组(1-14)的**系数行列式**.将 D 中第 j 列的元素 $a_{1j},a_{2j},\cdots,a_{nj}$ 分别换成常数 $b_1,b_2,\cdots,b_n$ 而得到的行列式记作 D_j.

定理1.1(克拉默法则) 若线性方程组(1-14)的系数行列式 $D\neq 0$,则方程组(1-14)有唯一解

$$x_1 = \frac{D_1}{D}, x_2 = \frac{D_2}{D}, \cdots, x_n = \frac{D_n}{D} \tag{1-15}$$

证明 将式(1-15)分别代入方程组(1-14)的第 i 个方程左端的 $x_1,x_2,\cdots,x_n$ 中,有

$$a_{i1}\frac{D_1}{D} + a_{i2}\frac{D_2}{D} + \cdots + a_{in}\frac{D_n}{D} \tag{1-16}$$

将式(1-16)中的 D_j 按第 j 列展开,并注意到 D_j 中第 j 列元素的代数余子式与 D 中

第 j 列元素的代数余子式 A_{ij} 是相同的，因此，

$$D_j = b_1A_{1j} + b_2A_{2j} + \cdots + b_nA_{nj},\quad j = 1,2,\cdots,n \tag{1-17}$$

将式(1－17)代入式(1－16)，有

$$\begin{aligned}
& a_{i1}\frac{D_1}{D} + a_{i2}\frac{D_2}{D} + \cdots + a_{in}\frac{D_n}{D} \\
= & \frac{1}{D}[a_{i1}(b_1A_{11} + b_2A_{21} + \cdots + b_iA_{i1} + \cdots + b_nA_{n1}) + \\
& a_{i2}(b_1A_{12} + b_2A_{22} + \cdots + b_iA_{i2} + \cdots + b_nA_{n2}) + \cdots + \\
& a_{in}(b_1A_{1n} + b_2A_{2n} + \cdots + b_iA_{in} + \cdots + b_nA_{nn})] \\
= & \frac{1}{D}[b_1(a_{i1}A_{11} + a_{i2}A_{12} + \cdots + a_{in}A_{1n}) + \\
& b_2(a_{i1}A_{21} + a_{i2}A_{22} + \cdots + a_{in}A_{2n}) + \cdots + \\
& b_i(a_{i1}A_{i1} + a_{i2}A_{i2} + \cdots + a_{in}A_{in}) + \cdots + \\
& b_n(a_{i1}A_{n1} + a_{i2}A_{n2} + \cdots + a_{in}A_{nn})]
\end{aligned}$$

由性质 6 和性质 7，可得

$$a_{i1}A_{k1} + a_{i2}A_{k2} + \cdots + a_{in}A_{kn} = \begin{cases} 0, & i \neq k \\ D, & i = k \end{cases}$$

故

$$a_{i1}\frac{D_1}{D} + a_{i2}\frac{D_2}{D} + \cdots + a_{in}\frac{D_n}{D} = b_i$$

下面证明方程组(1－14)的解是唯一的.设

$$x_1 = c_1, x_2 = c_2, \cdots, x_n = c_n$$

是方程组(1－14)的任意一组解，于是

$$\begin{cases}
a_{11}c_1 + a_{12}c_2 + \cdots + a_{1n}c_n = b_1 \\
a_{21}c_1 + a_{22}c_2 + \cdots + a_{2n}c_n = b_2 \\
\qquad\qquad \cdots\cdots \\
a_{n1}c_1 + a_{n2}c_2 + \cdots + a_{nn}c_n = b_n
\end{cases} \tag{1-18}$$

用 $A_{1j}, A_{2j}, \cdots, A_{nj}$ 分别乘以方程组(1－18)的第 $1,2,\cdots,n$ 个等式，再把 n 个等式两边同时相加，可得

$$\begin{aligned}
& (a_{11}A_{1j} + a_{21}A_{2j} + \cdots + a_{n1}A_{nj})c_1 + \cdots + \\
& (a_{1j}A_{1j} + a_{2j}A_{2j} + \cdots + a_{nj}A_{nj})c_j + \cdots + \\
& (a_{1n}A_{1j} + a_{2n}A_{2j} + \cdots + a_{nn}A_{nj})c_n \\
= & b_1A_{1j} + b_2A_{2j} + \cdots + b_nA_{nj}
\end{aligned}$$

根据性质 6 和性质 7,可得

$$Dc_j=D_j,\quad j=1,2,\cdots,n$$

因为 $D\neq0$,所以

$$c_j=\frac{D_j}{D},\quad j=1,2,\cdots,n$$

例 1 解方程组

$$\begin{cases}2x_1+x_2-5x_3+x_4=8\\x_1-3x_2-6x_4=9\\2x_2-x_3+2x_4=-5\\x_1+4x_2-7x_3+6x_4=0\end{cases}$$

解 因为线性方程组中的未知量个数与方程个数相等,所以我们可以考虑用克拉默法则求解,只要其系数行列式的值不等于 0,就能求出其解.

因为方程组的系数行列式为

$$D=\begin{vmatrix}2&1&-5&1\\1&-3&0&-6\\0&2&-1&2\\1&4&-7&6\end{vmatrix}=\begin{vmatrix}2&7&-5&13\\1&0&0&0\\0&2&-1&2\\1&7&-7&12\end{vmatrix}$$

$$=-\begin{vmatrix}7&-5&13\\2&-1&2\\7&-7&12\end{vmatrix}=-\begin{vmatrix}-3&-5&3\\0&-1&0\\-7&-7&-2\end{vmatrix}$$

$$=\begin{vmatrix}-3&3\\-7&-2\end{vmatrix}=6+21=27\neq0$$

同理,可得

$$D_1=\begin{vmatrix}8&1&-5&1\\9&-3&0&-6\\-5&2&-1&2\\0&4&-7&6\end{vmatrix}=81,\quad D_2=\begin{vmatrix}2&8&-5&1\\1&9&0&-6\\0&-5&-1&2\\1&0&-7&6\end{vmatrix}=-108$$

$$D_3=\begin{vmatrix}2&1&8&1\\1&-3&9&-6\\0&2&-5&2\\1&4&0&6\end{vmatrix}=-27,\quad D_4=\begin{vmatrix}2&1&-5&8\\1&-3&0&9\\0&2&-1&-5\\1&4&-7&0\end{vmatrix}=27$$

所以由式(1-15),可得

$$x_1=\frac{81}{27}=3,\quad x_2=\frac{-108}{27}=-4,\quad x_3=\frac{-27}{27}=-1,\quad x_4=\frac{27}{27}=1$$

如果线性方程组(1-14)的常数项均为0,则

$$\begin{cases}a_{11}x_1+a_{12}x_2+\cdots+a_{1n}x_n=0\\a_{21}x_1+a_{22}x_2+\cdots+a_{2n}x_n=0\\\cdots\cdots\\a_{n1}x_1+a_{n2}x_2+\cdots+a_{nn}x_n=0\end{cases}\tag{1-19}$$

称为齐次线性方程组.那么,行列式 $D_j(j=1,2,\cdots,n)$ 的第 j 列元素都是0,所以 $D_j=0$.因此,当方程组(1-19)的系数行列式 $D\neq0$ 时,由克拉默法则可知,它有唯一解

$$x_j=0,\quad j=1,2,\cdots,n$$

全部由0组成的解称为零解.于是有下面的推论.

推论1 如果齐次线性方程组(1-19)的系数行列式 $D\neq0$,则它只有零解.

推论2 齐次线性方程组(1-19)有非零解的必要条件是其系数行列式 $D=0$.

例2 若齐次线性方程组

$$\begin{cases}\lambda x_1+14x_2=0\\-2x_1+(\lambda-8)x_2-x_3=0\\4x_1-3x_2+(\lambda+2)x_3=0\end{cases}$$

有非零解,试求 λ 的值.

解 由推论2可知,方程组有非零解的必要条件是其系数行列式等于0.因为

$$\begin{vmatrix}\lambda&14&0\\-2&\lambda-8&-1\\4&-3&\lambda+2\end{vmatrix}=\begin{vmatrix}\lambda&14&0\\0&\lambda-8&-1\\-2\lambda&-3&\lambda+2\end{vmatrix}=\begin{vmatrix}\lambda&14&0\\0&\lambda-8&-1\\0&25&\lambda+2\end{vmatrix}$$

$$=\lambda\begin{vmatrix}\lambda-8&-1\\25&\lambda+2\end{vmatrix}=\lambda(\lambda-3)^2=0$$

所以当方程组有非零解时,$\lambda=0$ 或 $\lambda=3$.

例3 求解本章"引子"中3个工程队创造的总产值 $x_i(i=1,2,3)$ 满足的方程组(1-1),即

$$\begin{cases}0.2x_2+0.3x_3+500=x_1\\0.1x_1+0.4x_3+700=x_2\\0.3x_1+0.4x_2+600=x_3\end{cases}$$

解 首先将方程组(1-1)整理成标准形式的方程组,即

$$\begin{cases}x_1-0.2x_2-0.3x_3=500\\-0.1x_1+x_2-0.4x_3=700\\-0.3x_1-0.4x_2+x_3=600\end{cases}\tag{1-20}$$

下面利用克拉默法则求解方程组(1-20).

因为

$$D=\begin{vmatrix}1&-0.2&-0.3\\-0.1&1&-0.4\\-0.3&-0.4&1\end{vmatrix}=\begin{vmatrix}1&-0.2&-0.3\\0&0.98&-0.43\\0&-0.46&0.91\end{vmatrix}$$

$$=\begin{vmatrix}1&-0.2&-0.3\\0&0.98&-0.43\\0&0&0.708\,2\end{vmatrix}=0.694\neq 0$$

$$D_1=\begin{vmatrix}500&-0.2&-0.3\\700&1&-0.4\\600&-0.4&1\end{vmatrix}=500\begin{vmatrix}1&-0.2&-0.3\\1.4&1&-0.4\\1.2&-0.4&1\end{vmatrix}$$

$$=500\begin{vmatrix}1&-0.2&-0.3\\0&1.28&0.02\\0&0&1.362\,5\end{vmatrix}=872$$

$$D_2=\begin{vmatrix}1&500&-0.3\\-0.1&700&-0.4\\-0.3&600&1\end{vmatrix}=500\begin{vmatrix}1&1&-0.3\\-0.1&1.4&-0.4\\-0.3&1.2&1\end{vmatrix}$$

$$=500\begin{vmatrix}1&1&-0.3\\0&1.5&-0.43\\0&0&1.34\end{vmatrix}=1\,005$$

$$D_3=\begin{vmatrix}1&-0.2&500\\-0.1&1&700\\-0.3&-0.4&600\end{vmatrix}=500\begin{vmatrix}1&-0.2&1\\-0.1&1&1.4\\-0.3&-0.4&1.2\end{vmatrix}$$

$$=500\begin{vmatrix}1&-0.2&1\\0&1.44&0\\0&-0.46&1.5\end{vmatrix}=1\,080$$

所以方程组的解为

$$x_1=\frac{D_1}{D}=1\,256.484\,1,\quad x_2=\frac{D_2}{D}=1\,448.126\,8,\quad x_3=\frac{D_3}{D}=1\,556.196\,0$$

由此可知,建筑队、电气队、机械队创造的总产值分别为 1 256.484 1 万元、1 448.126 8万元和 1 556.196 0 万元.

用克拉默法则解线性方程组时有两个前提条件:一是方程个数与未知量个数相等;二是方程组的系数行列式不等于 0.用克拉默法则解 n 元线性方程组时,需要计算

$n+1$ 个 n 阶行列式，计算量很大，所以实际解线性方程组时，一般不用克拉默法则.但是，克拉默法则在理论上是相当重要的，因为它告诉我们，当方程组(1－14)的系数行列式不等于0时，方程组有唯一解.这说明可以直接通过方程组的系数来讨论解的情况.克拉默法则还告诉我们，当系数行列式不等于0时，方程组(1－14)的唯一解可以用式(1－15)表示，即直接用方程组的系数和常数项来表示它的解，由此我们可以看出方程组的解与它的系数、常数项之间的依赖关系.

习题 1

一、单项选择题

1. 行列式 $\begin{vmatrix} 3 & 8 & 6 \\ 5 & 1 & 2 \\ 1 & 0 & 7 \end{vmatrix}$ 中元素 a_{21} 的代数余子式 A_{21} 的值为(　　).

A. 33　　B. -33　　C. 56　　D. -56

2. 下列等式中，成立的是(　　)，其中 a,b,c,d 为常数.

A. $\begin{vmatrix} a & b \\ c & d \end{vmatrix}=-\begin{vmatrix} d & b \\ c & a \end{vmatrix}$　　B. $\begin{vmatrix} a+b & 1 \\ c+d & 1 \end{vmatrix}=\begin{vmatrix} a & 1 \\ d & 1 \end{vmatrix}+\begin{vmatrix} b & 1 \\ c & 1 \end{vmatrix}$

C. $\begin{vmatrix} 2a & 2b \\ 2c & 2d \end{vmatrix}=2\begin{vmatrix} a & b \\ c & d \end{vmatrix}$　　D. $\begin{vmatrix} ab & 1 \\ cd & 1 \end{vmatrix}=\begin{vmatrix} a & 1 \\ d & 1 \end{vmatrix}\begin{vmatrix} b & 1 \\ c & 1 \end{vmatrix}$

3. 行列式 $\begin{vmatrix} 0 & 0 & 0 & -1 \\ 0 & 0 & -2 & 1 \\ 0 & -3 & 2 & 0 \\ -4 & 3 & 0 & 0 \end{vmatrix}=$(　　).

A. 24　　B. 18　　C. -18　　D. -24

4. 设 $f(x)=\begin{vmatrix} 1 & 1 & 2 \\ 1 & 1 & x^2-2 \\ 2 & x^2+1 & 1 \end{vmatrix}$，则 $f(x)=0$ 的根是(　　).

A. 1,1,2,2　　B. $-1,-1,2,2$

C. $1,-1,2,-2$　　D. $-1,-1,-2,-2$

5. 设线性方程组

$$\begin{cases} kx_1+x_2+x_3=1 \\ x_1+kx_2=3 \\ 3x_1+x_2+x_3=1 \end{cases}$$

当(　　)时,方程组有唯一解.

A. $k\neq 0$　　B. $k\neq 3$

C. $k\neq 0$ 或 $k\neq 3$　　D. $k\neq 0$ 且 $k\neq 3$

二、填空题

1. 设行列式 $D=\begin{vmatrix}1 & 3 & 2\\ -1 & 0 & 2\\ 1 & 1 & -2\end{vmatrix}$,则其中元素 a_{23} 的余子式 $M_{23}=$________.

2. n 阶行列式 D_n 中元素 a_{ij} 的代数余子式 A_{ij} 与余子式 M_{ij} 之间的关系是________.

3. $\begin{vmatrix}-a_{11} & -a_{12} & -a_{13}\\ 3a_{21} & 3a_{22} & 3a_{23}\\ -6a_{31} & -6a_{32} & -6a_{33}\end{vmatrix}=$________$\begin{vmatrix}a_{11} & a_{12} & a_{13}\\ a_{21} & a_{22} & a_{23}\\ a_{31} & a_{32} & a_{33}\end{vmatrix}$.

4. 行列式 $D=\begin{vmatrix}1 & 1 & 1\\ -1 & 1 & 1\\ -1 & -1 & 1\end{vmatrix}=$________.

三、计算题

1. 计算下列二阶、三阶行列式:

(1) $\begin{vmatrix}5 & 2\\ 7 & 3\end{vmatrix}$;　　(2) $\begin{vmatrix}a & a^2\\ b & ab\end{vmatrix}$;

(3) $\begin{vmatrix}1 & 0 & 1\\ 2 & 1 & 1\\ 3 & 2 & 1\end{vmatrix}$;　　(4) $\begin{vmatrix}5 & -1 & 3\\ 3 & 2 & 1\\ 295 & 201 & 97\end{vmatrix}$;

(5) $\begin{vmatrix}1 & \frac{3}{2} & 0\\ 3 & \frac{1}{2} & 2\\ -1 & 2 & -3\end{vmatrix}$;　　(6) $\begin{vmatrix}1 & 1 & 1\\ 1 & w & w^2\\ 1 & w^2 & w\end{vmatrix}(w\neq 0)$.

2. 写出四阶行列式

$$D=\begin{vmatrix}5 & -3 & 0 & 1\\ 0 & -2 & -1 & 0\\ 1 & 0 & 4 & 7\\ 0 & 3 & 0 & 2\end{vmatrix}$$

中元素 $a_{23}=-1$,$a_{33}=4$ 的代数余子式,并求该行列式的值.

3. 设

$$D_4=\begin{vmatrix}1&0&2&1\\2&0&1&0\\3&1&4&5\\1&0&0&0\end{vmatrix}$$

(1)按定义计算 D_4;

(2)计算 $a_{21}A_{21}+a_{22}A_{22}+a_{23}A_{23}+a_{24}A_{24}$,即将行列式按第 2 行展开;

(3)计算 $a_{31}A_{31}+a_{32}A_{32}+a_{33}A_{33}+a_{34}A_{34}$,即将行列式按第 3 行展开;

(4)将行列式按第 4 行展开.

4. 计算下列行列式:

(1) $\begin{vmatrix}1&7&-2\\2&8&-4\\3&-1&-6\end{vmatrix}$;　(2) $\begin{vmatrix}0&-1&-5\\1&0&7\\5&-7&0\end{vmatrix}$;

(3) $\begin{vmatrix}-1&2&-2\\1&4&4\\-1&8&-8\end{vmatrix}$;　(4) $\begin{vmatrix}a-5&-2&4\\-2&a-2&2\\4&2&a-5\end{vmatrix}$;

(5) $\begin{vmatrix}1&2&2&2\\2&2&2&2\\2&2&3&2\\2&2&2&4\end{vmatrix}$;　(6) $\begin{vmatrix}3&-7&2&4\\-2&5&1&-3\\2&-5&-1&2\\4&-6&3&8\end{vmatrix}$;

(7) $\begin{vmatrix}1&2&0&1\\1&3&5&6\\0&1&5&6\\1&2&3&4\end{vmatrix}$;　(8) $\begin{vmatrix}4&21&3&4&2\\36&5&13&1&3\\1&0&5&0&0\\3&6&7&0&0\\2&1&3&0&0\end{vmatrix}$.

5. 解下列方程:

(1) $\begin{vmatrix}2&2&4&6\\1&2-x^2&2&3\\1&3&1&5\\-1&-3&-1&x^2-9\end{vmatrix}=0$;

(2) $\begin{vmatrix} 0 & 1 & x & 1 \\ 1 & 0 & 1 & x \\ x & 1 & 0 & 1 \\ 1 & x & 1 & 0 \end{vmatrix}=0.$

6. 用克拉默法则解下列线性方程组:

(1) $\begin{cases} 2x_1-x_2=2, \\ x_1+x_2+4x_3=1, \\ x_2+2x_3=1; \end{cases}$

(2) $\begin{cases} x_1+2x_2-x_3=0, \\ 3x_1-2x_2+x_3=4, \\ x_1-x_2-x_3=6; \end{cases}$

(3) $\begin{cases} 2x_1+3x_2+11x_3+5x_4=2, \\ x_1+x_2+5x_3+2x_4=1, \\ -x_2-7x_3=-5, \\ -2x_3+2x_4=-4; \end{cases}$

(4) $\begin{cases} x_1+x_2+x_3+x_4=-7, \\ x_1-3x_3-4x_4=8, \\ x_1+2x_2-x_3+x_4=-2, \\ 2x_1+2x_2+2x_3+x_4=6. \end{cases}$

7. 当 k 取何值时,齐次线性方程组

$$\begin{cases} x_1+x_2+kx_3=0 \\ -x_1+kx_2+x_3=0 \\ x_1-x_2+2x_3=0 \end{cases}$$

可能有非零解?

8. 说法"下列齐次线性方程组有非零解"是否正确?为什么?

$$\begin{cases} -x_1+2x_2+2x_3=0 \\ 4x_1+x_2-2x_3=0 \\ x_2+4x_3=0 \end{cases}$$

分析与解题

重点与难点

重点:行列式的性质、行列式的计算方法.

难点:所含元素中有字母的行列式的计算.

疑难分析

1. 关于行列式的定义

本书采用归纳方法定义 n 阶行列式 D,它表示一个由特定的运算关系所得到的算式.当 $n=1$ 时,

$$D=|a_{11}|=a_{11}$$

当 $n=2$ 时,

$$D=\begin{vmatrix} a_{11} & a_{12} \\ a_{21} & a_{22} \end{vmatrix}=a_{11}A_{11}+a_{12}A_{12}=a_{11}a_{22}-a_{12}a_{21}$$

当 $n>2$ 时,

$$D=a_{11}A_{11}+a_{12}A_{12}+\cdots+a_{1n}A_{1n}=\sum_{j=1}^{n}a_{1j}A_{1j}$$

其中 $A_{1j}(j=1,2,\cdots,n)$ 为 a_{1j} 的代数余子式.

由行列式的定义可知,任何一个行列式均代表一个数值,并且这个数值可以由第 1 行的所有元素与其相应的代数余子式的乘积之和求得.通常把行列式的定义简称按第 1 行展开.由行列式的性质 1 和性质 6 可知,行列式可以按任意一行或任意一列展开.

由行列式的定义可以看出,行列式的这个计算式是由其元素乘积构成的展开式.二阶行列式的展开式中共有 2! 项,三阶行列式的展开式中共有 3! 项,……n 阶行列式的展开式中共有 n! 项.n 阶行列式的展开式中的每一项都是取自不同行、不同列的 n 个元素的乘积.在全部 n! 项中,带正号的项和带负号的项各占一半.

2. 关于余子式与代数余子式

行列式 D 中元素 a_{ij} 的余子式 M_{ij} 是划去 a_{ij} 所在的第 i 行、第 j 列的全部元素后,将剩下的元素按原次序排成的 $n-1$ 阶行列式;元素 a_{ij} 的代数余子式 A_{ij} 是在余子式 M_{ij} 前面加上代数符号 $(-1)^{i+j}$,即 $A_{ij}=(-1)^{i+j}M_{ij}$.当 $i+j$ 为偶数时,$A_{ij}=M_{ij}$;当 $i+j$ 为奇数时,$A_{ij}=-M_{ij}$.在利用行列式的性质 6 求行列式时,比较容易犯的错误是漏掉代数符号 $(-1)^{i+j}$,从而导致计算错误.

另外,行列式中元素 a_{ij} 的代数余子式 A_{ij} 只与 a_{ij} 所在的位置有关,而与 a_{ij} 本身的大小无关.

3. 关于行列式的性质

在行列式的 7 个性质中,经常用到的主要有性质 2、性质 3、性质 5 和性质 6.正确

掌握和灵活应用这几个性质可以简化行列式的计算.

性质 2 的主要应用是调整行列式的结构,使行列式的计算避免分数和小数运算,以利于性质 5 的应用,从而使行列式逐步降阶或化为三角形行列式.在应用性质 2 时,要注意两行(或列)互换后,行列式必须改变符号.在实际解题过程中,经常出现的错误是忘记改变符号,从而导致计算错误.

性质 3 的主要应用有以下几方面:

(1)改变行列式的某行(或列)中所有元素的符号,即用 -1 乘以行列式的某行(或列)中的所有元素,同时在行列式符号外乘以 -1.

(2)化分数(或小数)为整数,即当行列式的某行(或列)元素中有分数(或小数)而不利于计算时,可用一个适当的数 λ 乘以这一行(或列)中的所有元素,使之化为整数,同时在行列式符号外乘以 $1/\lambda$.

(3)减少位数,即当行列式的某行(或列)元素都是较大的数时,为简化计算,可找出这些元素的公因子,并将其提到行列式的外面,从而使该行(或列)的元素值变小.

性质 5 的主要应用是化简行列式,即把行列式中尽可能多的元素化为 0,使之成为三角形行列式或较简单的行列式.在应用性质 5 时,经常会出现这样的错误:

$$\begin{vmatrix} a_{11} & a_{12} & \cdots & a_{1n} \\ \vdots & \vdots & & \vdots \\ a_{i1} & a_{i2} & \cdots & a_{in} \\ \vdots & \vdots & & \vdots \\ a_{j1} & a_{j2} & \cdots & a_{jn} \\ \vdots & \vdots & & \vdots \\ a_{n1} & a_{n2} & \cdots & a_{nn} \end{vmatrix} \xlongequal{ⓘ+ⓙ\lambda} \begin{vmatrix} a_{11} & a_{12} & \cdots & a_{1n} \\ \vdots & \vdots & & \vdots \\ a_{i1} & a_{i2} & \cdots & a_{in} \\ \vdots & \vdots & & \vdots \\ \lambda a_{j1}+a_{i1} & \lambda a_{j2}+a_{i2} & \cdots & \lambda a_{jn}+a_{in} \\ \vdots & \vdots & & \vdots \\ a_{n1} & a_{n2} & \cdots & a_{nn} \end{vmatrix}$$

或

$$\begin{vmatrix} a_{11} & a_{12} & \cdots & a_{1n} \\ \vdots & \vdots & & \vdots \\ a_{i1} & a_{i2} & \cdots & a_{in} \\ \vdots & \vdots & & \vdots \\ a_{j1} & a_{j2} & \cdots & a_{jn} \\ \vdots & \vdots & & \vdots \\ a_{n1} & a_{n2} & \cdots & a_{nn} \end{vmatrix} \xlongequal{ⓘ+ⓙ\lambda} \begin{vmatrix} a_{11} & a_{12} & \cdots & a_{1n} \\ \vdots & \vdots & & \vdots \\ \lambda a_{i1}+a_{j1} & \lambda a_{i2}+a_{j2} & \cdots & \lambda a_{in}+a_{jn} \\ \vdots & \vdots & & \vdots \\ a_{j1} & a_{j2} & \cdots & a_{jn} \\ \vdots & \vdots & & \vdots \\ a_{n1} & a_{n2} & \cdots & a_{nn} \end{vmatrix}$$

性质 6 主要应用于将行列式按任意一行(或列)展开,将行列式转化为几个(甚至一个)低一阶的行列式的代数和.为简化计算,我们经常将性质 6 与性质 5 一起使用，首先将行列式的某一行(或列)化为只有一两个非零元素，其他均为零元素，然后按这一行(或列)展开.性质 6 也可以称为行列式按行(或列)展开定理.

跟我学解题

例 1　用行列式的定义计算

$$D=\begin{vmatrix} -a & 0 & c \\ 0 & a & b \\ -b & -c & 0 \end{vmatrix}$$

【分析】 利用行列式的定义按第 1 行展开，即

$$D=a_{11}A_{11}+a_{12}A_{12}+a_{13}A_{13}$$

元素 a_{ij} 的代数余子式 $A_{ij}=(-1)^{i+j}M_{ij}$，余子式 M_{ij} 是划掉 a_{ij} 所在行和列的所有元素后剩下的元素按原来的顺序排列成的二阶行列式.例如，该行列式中元素 $a_{13}=c$ 的代数余子式是 $(-1)^{1+3}\begin{vmatrix} 0 & a \\ -b & -c \end{vmatrix}$.

解　利用行列式的定义按第 1 行展开，即

$$\begin{vmatrix} -a & 0 & c \\ 0 & a & b \\ -b & -c & 0 \end{vmatrix}=-a\cdot(-1)^{1+1}\begin{vmatrix} a & b \\ -c & 0 \end{vmatrix}+0+c\cdot(-1)^{1+3}\begin{vmatrix} 0 & a \\ -b & -c \end{vmatrix}$$

$$=-a[0-b(-c)]+c[0-a(-b)]$$

$$=-abc+abc=0$$

【对照练习 1】 用行列式的定义计算

$$D=\begin{vmatrix} a & 0 & 0 & b \\ 0 & c & d & 0 \\ 0 & e & f & 0 \\ g & 0 & 0 & h \end{vmatrix}$$

解　将行列式中的字母作为数字对待，利用行列式的定义计算.注意到在该行列式的第 1 行中，有 2 个零元素，因此，其在展开式中对应的 2 项可以不写出来，即

$$D=a\cdot(-1)^{1+1}\left(\qquad\qquad\right)+(\qquad\quad)\begin{vmatrix} 0 & c & d \\ 0 & e & f \\ g & 0 & 0 \end{vmatrix}$$

$$=a\left[c\cdot(\qquad\quad)\begin{vmatrix} f & 0 \\ 0 & h \end{vmatrix}+d\cdot(\qquad\quad)\begin{vmatrix} e & 0 \\ 0 & h \end{vmatrix}\right]-$$

$$b\left[c\cdot(\qquad)\begin{vmatrix}0 & f\\ g & 0\end{vmatrix}+d\cdot(\qquad)\begin{vmatrix}0 & e\\ g & 0\end{vmatrix}\right]$$

$$=acfh-adeh-bcfg+bdeg$$

【自我练习 1】用行列式的定义计算

$$D=\begin{vmatrix}3 & -2 & 0\\ 0 & 1 & 3\\ -1 & 0 & 2\end{vmatrix}$$

例 2　计算行列式

$$\begin{vmatrix}\lambda-1 & -1 & -2\\ -1 & \lambda-1 & -1\\ -2 & -2 & \lambda-1\end{vmatrix}$$

并将最后结果写成一次因式的乘积.

【分析】这是一个带参数的行列式.为了将最后结果写成一次因式的乘积,可利用行列式的性质,将其化为上三角形行列式.这样可避免进行多项式的乘法运算和三次多项式的因式分解.

解　首先利用性质 5,将第 2 列化为只有一个非零元素,然后按第 2 列展开,求出结果,即

$$\begin{vmatrix}\lambda-1 & -1 & -2\\ -1 & \lambda-1 & -1\\ -2 & -2 & \lambda-1\end{vmatrix}\xlongequal{②+①(-1)}\begin{vmatrix}\lambda-1 & -\lambda & -2\\ -1 & \lambda & -1\\ -2 & 0 & \lambda-1\end{vmatrix}$$

$$\xlongequal{②+①}\begin{vmatrix}\lambda-1 & -\lambda & -2\\ \lambda-2 & 0 & -3\\ -2 & 0 & \lambda-1\end{vmatrix}\text{(按第 2 列展开)}$$

$$=(-\lambda)\cdot(-1)^{1+2}\begin{vmatrix}\lambda-2 & -3\\ -2 & \lambda-1\end{vmatrix}\text{(利用二阶行列式的定义)}$$

$$=\lambda[(\lambda-2)(\lambda-1)-6]=\lambda(\lambda^2-3\lambda-4)$$

$$=\lambda(\lambda-4)(\lambda+1)$$

【对照练习 2】计算行列式

$$\begin{vmatrix}0 & a & b & a\\ a & 0 & a & b\\ b & a & 0 & a\\ a & b & a & 0\end{vmatrix}$$

其中 $ab\neq 0$.

解　因为该行列式中各行(或列)的元素之和都是 $2a+b$,所以利用性质5,把各列元素都加到第1列上,并把第1列中的元素尽量化为0,然后分别按第1列和第2行展开,求出结果,即

$$\begin{vmatrix} 0 & a & b & a \\ a & 0 & a & b \\ b & a & 0 & a \\ a & b & a & 0 \end{vmatrix} \xlongequal[\text{①+④}]{\text{①+②}\ \text{①+③}} \left(\quad \right)$$

$$\xlongequal[\text{④+①(-1)}]{\text{②+①(-1)}\ \text{③+①(-1)}} \left(\quad \right)$$

$$=(2a+b)\begin{vmatrix} -a & a-b & b-a \\ 0 & -b & 0 \\ b-a & a-b & -a \end{vmatrix}$$

$$=(2a+b)\left(\quad \right)\text{(按第 2 行展开)}$$

$$=(2a+b)(-b)[a^2-(b-a)^2]=b^2(b^2-4a^2)$$

【自我练习2】 计算行列式

$$\begin{vmatrix} a-b & b-c & c-a \\ b-c & c-a & a-b \\ c-a & a-b & b-c \end{vmatrix}$$

例3　计算行列式

$$\begin{vmatrix} 2 & 7 & 8 & 9 \\ -5 & 3 & 1 & -8 \\ 1 & 7 & 8 & 9 \\ 6 & 4 & 2 & -16 \end{vmatrix}$$

【分析】 注意到该行列式中第1行与第3行元素的特点,就可想到利用性质5,先将第1行中的元素尽量化为0,然后利用行列式的定义或性质6,将其变成三阶行列式,再逐步降阶,直至求出结果.

解
$$\begin{vmatrix} 2 & 7 & 8 & 9 \\ -5 & 3 & 1 & -8 \\ 1 & 7 & 8 & 9 \\ 6 & 4 & 2 & -16 \end{vmatrix} \xlongequal{\text{①+③(-1)}} \begin{vmatrix} 1 & 0 & 0 & 0 \\ -5 & 3 & 1 & -8 \\ 1 & 7 & 8 & 9 \\ 6 & 4 & 2 & -16 \end{vmatrix}$$

$$=\begin{vmatrix}3&1&-8\\7&8&9\\4&2&-16\end{vmatrix}\xlongequal{\textcircled{1}+\textcircled{3}\left(-\frac{1}{2}\right)}\begin{vmatrix}1&0&0\\7&8&9\\4&2&-16\end{vmatrix}$$

$$=\begin{vmatrix}8&9\\2&-16\end{vmatrix}=8\times(-16)-9\times 2$$

$$=-128-18=-146$$

【对照练习 3】计算行列式

$$\begin{vmatrix}2&3&3&3&3\\3&2&3&3&3\\3&3&2&3&3\\3&3&3&2&3\\3&3&3&3&2\end{vmatrix}$$

解 该行列式有如下特点：主对角线上的元素都是 2，其余元素全为 3，并且每一行（或列）的元素之和相等.故首先利用性质 5，将第 2～5 列加到第 1 列上，再将其化为上三角形行列式，求出结果，即

$$\begin{vmatrix}2&3&3&3&3\\3&2&3&3&3\\3&3&2&3&3\\3&3&3&2&3\\3&3&3&3&2\end{vmatrix}\xlongequal[\substack{\textcircled{1}+\textcircled{2}\\\textcircled{1}+\textcircled{3}\\\textcircled{1}+\textcircled{4}\\\textcircled{1}+\textcircled{5}}]{}\begin{vmatrix}\quad&\quad&\quad&\quad&\quad\\ \\ \\ \\ \\ \end{vmatrix}$$

$$\xlongequal{\substack{\textcircled{2}+\textcircled{1}(-1)\\\textcircled{3}+\textcircled{1}(-1)\\\textcircled{4}+\textcircled{1}(-1)\\\textcircled{5}+\textcircled{1}(-1)}}\begin{vmatrix}\quad&\quad&\quad&\quad&\quad\\ \\ \\ \\ \\ \end{vmatrix}=14$$

【自我练习 3】计算行列式

$$\begin{vmatrix}1&-3&4&-2\\-3&4&-2&6\\-4&2&3&5\\2&7&5&3\end{vmatrix}$$

例 4 计算行列式

$$\begin{vmatrix} -2 & 3 & -\frac{8}{3} & -1 \\ 1 & -2 & \frac{5}{3} & 0 \\ 4 & -1 & 1 & 4 \\ 2 & -3 & -\frac{4}{3} & 9 \end{vmatrix}$$

【分析】 该行列式没有明显的特点，这里用“降阶法”进行计算.为了避免分数运算的麻烦，利用性质 3，提取第 3 列的公因子$\frac{1}{3}$，简化计算.

解

$$\begin{vmatrix} -2 & 3 & -\frac{8}{3} & -1 \\ 1 & -2 & \frac{5}{3} & 0 \\ 4 & -1 & 1 & 4 \\ 2 & -3 & -\frac{4}{3} & 9 \end{vmatrix} \xlongequal{③\frac{1}{3}} \frac{1}{3}\begin{vmatrix} -2 & 3 & -8 & -1 \\ 1 & -2 & 5 & 0 \\ 4 & -1 & 3 & 4 \\ 2 & -3 & -4 & 9 \end{vmatrix}$$

$$\xlongequal[④+①9]{③+①4} \frac{1}{3}\begin{vmatrix} -2 & 3 & -8 & -1 \\ 1 & -2 & 5 & 0 \\ -4 & 11 & -29 & 0 \\ -16 & 24 & -76 & 0 \end{vmatrix} \text{(按第 4 列展开)}$$

$$= \frac{1}{3}(-1)\times(-1)^{1+4}\begin{vmatrix} 1 & -2 & 5 \\ -4 & 11 & -29 \\ -16 & 24 & -76 \end{vmatrix}$$

$$\xlongequal[③+①16]{②+①4} \frac{1}{3}\begin{vmatrix} 1 & -2 & 5 \\ 0 & 3 & -9 \\ 0 & -8 & 4 \end{vmatrix} \text{(按第 1 列展开)}$$

$$= \frac{1}{3}\begin{vmatrix} 3 & -9 \\ -8 & 4 \end{vmatrix} = \frac{1}{3}\times(12-72) = -20$$

【对照练习 4】 计算行列式

$$\begin{vmatrix} 1 & 9 & 2.5 & -3 \\ 2 & -8 & -5 & 2 \\ 3 & 7 & -7.5 & 1 \\ -4 & -5 & 10 & -5 \end{vmatrix}$$

解 为避免小数运算，先利用性质 3，把第 3 列中的小数化为整数，即从行列式的

第 3 列中提取公因子 2.5，然后用“降阶法”，求出结果，即

$$\begin{vmatrix}1&9&2.5&-3\\2&-8&-5&2\\3&7&-7.5&1\\-4&-5&10&-5\end{vmatrix}\xlongequal[\text{③}2.5]{}\left(\qquad\qquad\right)\xlongequal[\text{①}+\text{③}]{}\left(\qquad\qquad\right)$$

$$=5\begin{vmatrix}-8&-2&2\\7&-3&1\\-5&4&-5\end{vmatrix}\xlongequal[\substack{\text{①}+\text{③}4\\\text{②}+\text{③}}]{}\left(\qquad\qquad\right)$$

$$=10\begin{vmatrix}11&-2\\-25&-1\end{vmatrix}=-610$$

【自我练习 4】计算行列式

$$\begin{vmatrix}1&2&3&4\\2&3&4&1\\3&4&1&2\\4&1&2&3\end{vmatrix}$$

练习解答

对照练习

1. $\begin{vmatrix}c&d&0\\e&f&0\\0&0&h\end{vmatrix}$，$b\cdot(-1)^{1+4}$，$(-1)^{1+1}$，$(-1)^{1+2}$，$(-1)^{1+2}$，$(-1)^{1+3}$.

2. $\begin{vmatrix}2a+b&a&b&a\\2a+b&0&a&b\\2a+b&a&0&a\\2a+b&b&a&0\end{vmatrix}$，$\begin{vmatrix}2a+b&a&b&a\\0&-a&a-b&b-a\\0&0&-b&0\\0&b-a&a-b&-a\end{vmatrix}$，$(-b)\cdot(-1)^{2+2}\begin{vmatrix}-a&b-a\\b-a&-a\end{vmatrix}$.

3. $\begin{vmatrix}14&3&3&3&3\\14&2&3&3&3\\14&3&2&3&3\\14&3&3&2&3\\14&3&3&3&2\end{vmatrix}$，$\begin{vmatrix}14&3&3&3&3\\0&-1&0&0&0\\0&0&-1&0&0\\0&0&0&-1&0\\0&0&0&0&-1\end{vmatrix}$.

4. $2.5\begin{vmatrix} 1 & 9 & 1 & -3 \\ 2 & -8 & -2 & 2 \\ 3 & 7 & -3 & 1 \\ -4 & -5 & 4 & -5 \end{vmatrix}$, $2.5\begin{vmatrix} 2 & 9 & 1 & -3 \\ 0 & -8 & -2 & 2 \\ 0 & 7 & -3 & 1 \\ 0 & -5 & 4 & -5 \end{vmatrix}$, $5\begin{vmatrix} 0 & 0 & 2 \\ 11 & -2 & 1 \\ -25 & -1 & -5 \end{vmatrix}$.

自我练习

1. 12.

2. 0.

3. -310.

4. 160.

引 子

希尔加密算法

1929 年,美国数学家希尔(Hill,1890—1961)通过矩阵的理论,对传输信息进行了加密处理,提出了在密码史上占有重要地位的希尔加密算法.具体算法如下:

(1)在英文中的 26 个字母和数字 1~26 之间建立一种一一对应的关系,即

$$\begin{matrix} A & B & C & \cdots & Z \\ \updownarrow & \updownarrow & \updownarrow & \cdots & \updownarrow \\ 1 & 2 & 3 & \cdots & 26 \end{matrix}$$

(2)按照从左到右的顺序,把单词中每 3 个字母分为一组,并将每组对应的 3 个整数排成一列,构成一个矩阵.例如,若要发送单词 action,则对应数字 1,3,20;9,15,14,构成矩阵

$$\boldsymbol{B}=\begin{bmatrix} 1 & 9 \\ 3 & 15 \\ 20 & 14 \end{bmatrix}$$

(3)加密.通过加密矩阵,将矩阵 $\boldsymbol{B}$ 加密后发送出去.

(4)解密.接收方接收到这个被加密的矩阵后,通过解密矩阵,还原出矩阵 $\boldsymbol{B}$.

如何将矩阵 $\boldsymbol{B}$ 加密后发送出去,再将接收到的矩阵还原为 $\boldsymbol{B}$?这个加密矩阵需要具备什么条件?这是一件很有趣的事情,也是本章要介绍的内容之一.

第2章 矩阵

矩阵是线性代数的主要研究对象之一.随着现代科学技术的发展,矩阵作为数学工具越来越多地应用于自然科学、工程技术以及社会经济管理领域中.本章主要介绍矩阵的概念、运算和性质,特殊矩阵,矩阵的初等行变换,可逆矩阵及其求法.

2.1 矩阵的概念

2.1.1 矩阵的定义

定义 2.1 由 $m\times n$ 个数排成 m 行 n 列,并括以方括弧(或圆括弧)的数表

$$\begin{bmatrix} a_{11} & a_{12} & \cdots & a_{1n} \\ a_{21} & a_{22} & \cdots & a_{2n} \\ \vdots & \vdots & & \vdots \\ a_{m1} & a_{m2} & \cdots & a_{mn} \end{bmatrix}$$

称为 **m 行 n 列矩阵**,简称 **$m\times n$ 矩阵**.通常用英文大写黑体字母 $\boldsymbol{A},\boldsymbol{B},\boldsymbol{C},\cdots$ 表示矩阵,如

$$\boldsymbol{A}=\begin{bmatrix} a_{11} & a_{12} & \cdots & a_{1n} \\ a_{21} & a_{22} & \cdots & a_{2n} \\ \vdots & \vdots & & \vdots \\ a_{m1} & a_{m2} & \cdots & a_{mn} \end{bmatrix}$$

上述矩阵 $\boldsymbol{A}$ 也可以记作 $\boldsymbol{A}_{m\times n}$,有时也记作 $\boldsymbol{A}=[a_{ij}]_{m\times n}$,其中 a_{ij} 是矩阵 $\boldsymbol{A}$ 的第 i 行第 j 列的元素,称为矩阵的**元素**.第 1 个角标 i 称为元素 a_{ij} 的行角标,第 2 个角标 j 称为元素 a_{ij} 的列角标.例如,矩阵

$$\boldsymbol{A}=\begin{bmatrix} 24 & 7 & 22 & 1 \\ 1 & 5 & 7 & 5 \\ -5 & 3 & -3 & 0 \end{bmatrix}$$

是一个 3×4 矩阵，并且 $a_{21}=1, a_{32}=3, a_{14}=1$.

由矩阵的定义可知，矩阵和行列式是两个截然不同的概念.矩阵是一个矩形数表，而行列式是一个算式，当元素是具体的数字时，行列式是一个数值.

特别地，当 $m=1$ 时，矩阵只有一行，即

$$\begin{bmatrix} a_{11} & a_{12} & \cdots & a_{1n} \end{bmatrix}$$

称为**行矩阵**；当 $n=1$ 时，矩阵只有一列，即

$$\begin{bmatrix} a_{11} \\ a_{21} \\ \vdots \\ a_{m1} \end{bmatrix}$$

称为**列矩阵**；当 $m=n$ 时，矩阵的行数和列数相等，即

$$\begin{bmatrix} a_{11} & a_{12} & \cdots & a_{1n} \\ a_{21} & a_{22} & \cdots & a_{2n} \\ \vdots & \vdots & & \vdots \\ a_{n1} & a_{n2} & \cdots & a_{nn} \end{bmatrix}$$

称为 n 阶矩阵(或 n 阶方阵).n 阶矩阵可简记为 $\boldsymbol{A}_n$.

在 n 阶矩阵中，从左上角到右下角的对角线称为**主对角线**，从右上角到左下角的对角线称为**次对角线**.

所有元素都为 0 的 $m\times n$ 矩阵称为**零矩阵**，记作 $\boldsymbol{O}_{m\times n}$ 或 $\boldsymbol{O}$.例如，

$$\boldsymbol{O}_{2\times2}=\begin{bmatrix} 0 & 0 \\ 0 & 0 \end{bmatrix}, \quad \boldsymbol{O}_{3\times4}=\begin{bmatrix} 0 & 0 & 0 & 0 \\ 0 & 0 & 0 & 0 \\ 0 & 0 & 0 & 0 \end{bmatrix}$$

当两个矩阵的行数和列数分别相等时，称它们为**同型矩阵**.可见，$\boldsymbol{O}_{2\times2}$ 与 $\boldsymbol{O}_{3\times4}$ 不是同型矩阵.零矩阵可以是方阵，也可以不是方阵.

在矩阵 $\boldsymbol{A}=[a_{ij}]_{m\times n}$ 中每个元素的前面都添加负号得到的矩阵称为 $\boldsymbol{A}$ 的**负矩阵**，记作 $-\boldsymbol{A}$，即

$$-\boldsymbol{A}=\begin{bmatrix} -a_{11} & -a_{12} & \cdots & -a_{1n} \\ -a_{21} & -a_{22} & \cdots & -a_{2n} \\ \vdots & \vdots & & \vdots \\ -a_{m1} & -a_{m2} & \cdots & -a_{mn} \end{bmatrix}$$

例如，

$$\boldsymbol{A}=\begin{bmatrix} 2 & 0 & -5 \\ -1 & 4 & 2 \end{bmatrix}, \quad \boldsymbol{B}=\begin{bmatrix} -2 & 0 & 5 \\ 1 & -4 & -2 \end{bmatrix}$$

这里 $\boldsymbol{B}$ 是 $\boldsymbol{A}$ 的负矩阵，即 $\boldsymbol{B}=-\boldsymbol{A}$.

主对角线上的元素是 1，其余元素都是 0 的 n 阶方阵称为**单位矩阵**，记为 $\boldsymbol{I}_n$ 或 $\boldsymbol{I}$，即

$$\boldsymbol{I}_n=\begin{bmatrix}1 & 0 & \cdots & 0\\ 0 & 1 & \cdots & 0\\ \vdots & \vdots & & \vdots\\ 0 & 0 & \cdots & 1\end{bmatrix}$$

当 $n=2,3$ 时，

$$\boldsymbol{I}_2=\begin{bmatrix}1 & 0\\ 0 & 1\end{bmatrix},\quad \boldsymbol{I}_3=\begin{bmatrix}1 & 0 & 0\\ 0 & 1 & 0\\ 0 & 0 & 1\end{bmatrix}$$

分别为二阶、三阶单位矩阵.

零矩阵和单位矩阵是两种非常重要的矩阵，它们在矩阵运算中起类似于数字运算中 0 和 1 的作用.

2.1.2 矩阵问题举例

我们在对许多实际问题进行数学描述时都要用到矩阵的概念，这里介绍几个实际问题的例子.

例 1 设北京市某区广播电视大学工作站 2018 年金融专业(1)班 35 个学生第一学期期末考试三门主科成绩按学号排序，可列成表 2－1(为简单起见，这里只列出一部分).

表 2－1 学生的三门主科成绩 单位:分

学号	基础会计	经济数学基础	政治经济学
1	85	70	85
2	95	85	78
3	90	83	94
⋮	⋮	⋮	⋮
35	78	95	74

我们可将表 2－1 称为该班学生的学习成绩表，表中的每一个数字都代表某个学

生某一科目的考试成绩.如果只将学生各科的成绩排列出来,它们就组成一个矩阵(可以称为成绩矩阵),即

$$A=\begin{bmatrix}85 & 70 & 85\\95 & 85 & 78\\90 & 83 & 94\\\vdots & \vdots & \vdots\\78 & 95 & 74\end{bmatrix}$$

其中每一行表示某个学生每一科目的成绩,每一列表示某一科目每个学生的成绩.矩阵中的某个元素表示某个学生某一科目的成绩.

例 2 在市场上,有 5 种食品在 4 个商店销售,食品的销售价格(单位:元/kg)可用以下矩阵给出:

$$\begin{array}{c} \begin{array}{ccccc} F_1 & F_2 & F_3 & F_4 & F_5 \end{array} \\ \begin{bmatrix}12 & 7 & 10 & 21 & 5\\13 & 6.5 & 11 & 19 & 5\\12 & 7.3 & 9 & 20 & 6\\11 & 6.8 & 12 & 21 & 4\end{bmatrix}\begin{array}{c}S_1\\S_2\\S_3\\S_4\end{array}\end{array}$$

该矩阵称为价格矩阵,这里的行表示商店,列表示食品,其中第 i 行第 j 列的元素表示第 j 种食品在第 i 个商店的销售价格.

实际上,用数表表示一些量或关系的方法在生活和工程技术中是常用的,如银行的利率表、工厂中产量的统计表、通航信息表等,将这种数表的实际意义隐去,抽象出来的就是矩阵.

2.2 矩阵的运算

当用矩阵来表示某些量时,有时需要将几个矩阵相联系,如讨论它们是否相等、它们在什么条件下可进行何种运算,以及运算所满足的性质等,这就是本节所要讨论的内容.

2.2.1 矩阵的相等

定义 2.2 若两个矩阵 $A=[a_{ij}]_{s\times p}$,$B=[b_{ij}]_{r\times q}$,满足:

(1)行数和列数分别相等,即 $s=r$,$p=q$;

(2)对应元素相等,即 $a_{ij}=b_{ij}(i=1,2,\cdots,s;j=1,2,\cdots,p)$,

则称矩阵 $\boldsymbol{A}$ 与矩阵 $\boldsymbol{B}$ **相等**,记为 $\boldsymbol{A}=\boldsymbol{B}$.

根据定义 2.2,对于矩阵 $\begin{bmatrix}1 & 2\\-1 & 3\end{bmatrix}$ 与 $\begin{bmatrix}x & y & z\\u & v & w\end{bmatrix}$,无论 x,y,z,u,v,w 取何值,它们都不可能相等,因为它们的列数不同.

例 1 已知 $\boldsymbol{A}=\boldsymbol{B}$,其中

$$\boldsymbol{A}=\begin{bmatrix}1 & x\\0 & -7\\y & 2\end{bmatrix},\quad \boldsymbol{B}=\begin{bmatrix}a & -1\\0 & -7\\-2 & b\end{bmatrix}$$

求 x,y,a,b 的值.

解 由矩阵相等的定义,有

$$x=-1,\quad y=-2,\quad a=1,\quad b=2$$

2.2.2 矩阵的加法

定义 2.3 设 $\boldsymbol{A}=[a_{ij}]$,$\boldsymbol{B}=[b_{ij}]$都是 $m\times n$ 矩阵,且 $c_{ij}=a_{ij}+b_{ij}(i=1,2,\cdots,m;j=1,2,\cdots,n)$,则称 $m\times n$ 矩阵 $\boldsymbol{C}=[c_{ij}]$为 $\boldsymbol{A}$ 与 $\boldsymbol{B}$ **之和**,记为

$$\boldsymbol{C}=\boldsymbol{A}+\boldsymbol{B}$$

例 2 设

$$\boldsymbol{A}=\begin{bmatrix}1 & -2 & 4\\0 & 2 & 1\end{bmatrix},\quad \boldsymbol{B}=\begin{bmatrix}-2 & 2 & 7\\0 & -1 & 4\end{bmatrix}$$

求 $\boldsymbol{A}+\boldsymbol{B}$.

解 由已知,有

$$\boldsymbol{A}+\boldsymbol{B}=\begin{bmatrix}1+(-2) & -2+2 & 4+7\\0+0 & 2+(-1) & 1+4\end{bmatrix}=\begin{bmatrix}-1 & 0 & 11\\0 & 1 & 5\end{bmatrix}$$

例 3 某运输企业有 3 个班组,分别运送甲、乙 2 种商品,其第 1 天的运输量(单位:t)为

$$\begin{matrix} & \text{第 1 组} & \text{第 2 组} & \text{第 3 组} & \\ \boldsymbol{A}= & \left[\begin{matrix}3\,100\\1\,000\end{matrix}\right. & \begin{matrix}2\,500\\1\,500\end{matrix} & \left.\begin{matrix}2\,200\\1\,300\end{matrix}\right] & \begin{matrix}\text{甲商品}\\\text{乙商品}\end{matrix}\end{matrix}$$

第 2 天的运输量为

$$B = \begin{array}{c} \text{第 1 组} \quad \text{第 2 组} \quad \text{第 3 组} \\ \begin{bmatrix} 3\,000 & 2\,600 & 2\,100 \\ 1\,300 & 1\,200 & 1\,300 \end{bmatrix} \begin{array}{l} \text{甲商品} \\ \text{乙商品} \end{array} \end{array}$$

试问这两天的总运输量是多少?

解 设矩阵 $\boldsymbol{C}$ 为这两天甲、乙 2 种商品的总运输量,则矩阵 $\boldsymbol{C}$ 是 $\boldsymbol{A}$ 与 $\boldsymbol{B}$ 的和,即

$$\begin{aligned} \boldsymbol{C} = \boldsymbol{A} + \boldsymbol{B} &= \begin{bmatrix} 3\,100 & 2\,500 & 2\,200 \\ 1\,000 & 1\,500 & 1\,300 \end{bmatrix} + \begin{bmatrix} 3\,000 & 2\,600 & 2\,100 \\ 1\,300 & 1\,200 & 1\,300 \end{bmatrix} \\ &= \begin{bmatrix} 3\,100+3\,000 & 2\,500+2\,600 & 2\,200+2\,100 \\ 1\,000+1\,300 & 1\,500+1\,200 & 1\,300+1\,300 \end{bmatrix} \\ &= \begin{bmatrix} 6\,100 & 5\,100 & 4\,300 \\ 2\,300 & 2\,700 & 2\,600 \end{bmatrix} \end{aligned}$$

设 $\boldsymbol{A},\boldsymbol{B},\boldsymbol{C}$ 为同型矩阵,不难验证,矩阵的加法满足下面的运算规律.

(1)交换律:$\boldsymbol{A}+\boldsymbol{B}=\boldsymbol{B}+\boldsymbol{A}$.

(2)结合律:$(\boldsymbol{A}+\boldsymbol{B})+\boldsymbol{C}=\boldsymbol{A}+(\boldsymbol{B}+\boldsymbol{C})$.

利用负矩阵,可以定义矩阵的**减法**如下:

$$\boldsymbol{A}-\boldsymbol{B}=\boldsymbol{A}+(-\boldsymbol{B})$$

且

$$\boldsymbol{A}-\boldsymbol{A}=\boldsymbol{O}, \quad \boldsymbol{A}+\boldsymbol{O}=\boldsymbol{A}$$

其中零矩阵 $\boldsymbol{O}$ 与矩阵 $\boldsymbol{A}$ 是同型矩阵.

2.2.3 矩阵的数量乘法

定义 2.4 设矩阵 $\boldsymbol{A}=[a_{ij}]_{m\times n}$,$\lambda$ 为任意实数,且 $c_{ij}=\lambda a_{ij}(i=1,2,\cdots,m;j=1,2,\cdots,n)$,则称矩阵 $\boldsymbol{C}=[c_{ij}]_{m\times n}$ 为数 λ 与矩阵 $\boldsymbol{A}$ 的**数量乘积矩阵**,该运算称为矩阵的**数量乘法**,记为

$$\boldsymbol{C}=\lambda\boldsymbol{A}$$

如果例 3 中的运输企业第 2 天的运输量与第 1 天完全相同,则这两天的总运输量为

$$\begin{aligned} \boldsymbol{C} &= \begin{bmatrix} 3\,100+3\,100 & 2\,500+2\,500 & 2\,200+2\,200 \\ 1\,000+1\,000 & 1\,500+1\,500 & 1\,300+1\,300 \end{bmatrix} \\ &= \begin{bmatrix} 2\times 3\,100 & 2\times 2\,500 & 2\times 2\,200 \\ 2\times 1\,000 & 2\times 1\,500 & 2\times 1\,300 \end{bmatrix} \\ &= \begin{bmatrix} 6\,200 & 5\,000 & 4\,400 \\ 2\,000 & 3\,000 & 2\,600 \end{bmatrix} = 2\boldsymbol{A} \end{aligned}$$

例 4　设 $\boldsymbol{A}=\begin{bmatrix}5 & 2 & -1\\ 3 & 0 & 2\end{bmatrix}$，计算 $3\boldsymbol{A}$.

解　由矩阵的数量乘法的定义，有

$$3\boldsymbol{A}=\begin{bmatrix}3\times 5 & 3\times 2 & 3\times(-1)\\ 3\times 3 & 3\times 0 & 3\times 2\end{bmatrix}=\begin{bmatrix}15 & 6 & -3\\ 9 & 0 & 6\end{bmatrix}$$

设 $\boldsymbol{A},\boldsymbol{B}$ 为 $m\times n$ 矩阵，k,h 为任意实数，容易验证，矩阵的数量乘法满足下面的运算规律.

(1)数对矩阵的分配律：$k(\boldsymbol{A}+\boldsymbol{B})=k\boldsymbol{A}+k\boldsymbol{B}$.

(2)矩阵对数的分配律：$(k+h)\boldsymbol{A}=k\boldsymbol{A}+h\boldsymbol{A}$.

(3)结合律：$(kh)\boldsymbol{A}=k(h\boldsymbol{A})$.

(4)数 1，-1 与矩阵相乘满足：$1\boldsymbol{A}=\boldsymbol{A}$，$(-1)\boldsymbol{A}=-\boldsymbol{A}$.

例 5　求矩阵 $\boldsymbol{X}$，使得

$$\begin{bmatrix}1 & 0\\ 3 & -1\end{bmatrix}+2\boldsymbol{X}=3\begin{bmatrix}1 & 3\\ -1 & 2\end{bmatrix}$$

解　由已知，有

$$2\boldsymbol{X}=3\begin{bmatrix}1 & 3\\ -1 & 2\end{bmatrix}-\begin{bmatrix}1 & 0\\ 3 & -1\end{bmatrix}=\begin{bmatrix}3 & 9\\ -3 & 6\end{bmatrix}-\begin{bmatrix}1 & 0\\ 3 & -1\end{bmatrix}=\begin{bmatrix}2 & 9\\ -6 & 7\end{bmatrix}$$

所以

$$\boldsymbol{X}=\begin{bmatrix}1 & \frac{9}{2}\\ -3 & \frac{7}{2}\end{bmatrix}$$

用数 k 乘以单位矩阵，有

$$k\boldsymbol{I}=k\begin{bmatrix}1 & 0 & \cdots & 0\\ 0 & 1 & \cdots & 0\\ \vdots & \vdots & & \vdots\\ 0 & 0 & \cdots & 1\end{bmatrix}=\begin{bmatrix}k & 0 & \cdots & 0\\ 0 & k & \cdots & 0\\ \vdots & \vdots & & \vdots\\ 0 & 0 & \cdots & k\end{bmatrix}$$

该矩阵称为**数量矩阵**.数量矩阵的特点是主对角线上的元素均为 k，其余元素全为 0.当 $k=1$ 时，数量矩阵为单位矩阵.

2.2.4　矩阵的乘法

在定义矩阵的乘法这一重要运算之前，我们先考察一个实际例子.

例 6 某工厂生产 A,B,C 3 种产品,各种产品每件所需的生产成本估计值以及各个季度每一种产品的生产数量分别如表 2-2 和表 2-3 所示.现希望给出一张指明各季度生产 3 种产品所需的各种成本的明细表.

表 2-2 各种产品每件所需的生产成本估计值 单位:元

名目	产品 A	产品 B	产品 C
原材料	0.11	0.45	0.33
劳动力	0.20	0.33	0.24
管理费	0.20	0.10	0.12

表 2-3 各个季度每一种产品的生产数量 单位:件

产品	第一季度	第二季度	第三季度	第四季度
A	5 000	4 500	3 500	1 000
B	2 000	2 400	2 200	1 800
C	6 000	6 300	7 000	5 900

解 借助于矩阵记号,可将表 2-2 和表 2-3 写成矩阵形式,即

$$\boldsymbol{E}=\begin{bmatrix}0.11 & 0.45 & 0.33\\0.20 & 0.33 & 0.24\\0.20 & 0.10 & 0.12\end{bmatrix},\quad \boldsymbol{F}=\begin{bmatrix}5\,000 & 4\,500 & 3\,500 & 1\,000\\2\,000 & 2\,400 & 2\,200 & 1\,800\\6\,000 & 6\,300 & 7\,000 & 5\,900\end{bmatrix}$$

所需要的明细表可归结为下列矩阵:

$$\begin{array}{c} \\ \text{原材料}\\ \text{劳动力}\\ \text{管理费}\end{array}\begin{array}{c}\begin{array}{cccc}\text{第一季度} & \text{第二季度} & \text{第三季度} & \text{第四季度}\end{array}\\ \begin{bmatrix}\times & \times & \times & \times\\ \times & \times & \times & \times\\ \times & \times & \times & \times\end{bmatrix}\end{array}$$

这是一个 3×4 矩阵,可利用表 2-2 和表 2-3,即矩阵 $\boldsymbol{E}$ 和 $\boldsymbol{F}$,计算出每个元素的值后填入.例如,第二季度所需劳动力(费用)的总量为

$$0.20\times4\,500+0.33\times2\,400+0.24\times6\,300=3\,204$$

从矩阵运算的角度来看,这是矩阵 $\boldsymbol{E}$ 的第 2 行(对应于劳动力)与矩阵 $\boldsymbol{F}$ 的第 2 列(对应于第二季度)对应位置上的元素的乘积之和.如果把由矩阵 $\boldsymbol{E}$ 和 $\boldsymbol{F}$ 结合产生的明细表矩阵称为矩阵 $\boldsymbol{E}$ 与 $\boldsymbol{F}$ 的乘积,并记作 $\boldsymbol{EF}$,则可算出

$$\boldsymbol{EF}=\begin{bmatrix}3\,430 & 3\,654 & 3\,685 & 2\,867\\3\,100 & 3\,204 & 3\,106 & 2\,210\\1\,920 & 1\,896 & 1\,760 & 1\,088\end{bmatrix}$$

这是一个 3×4 矩阵,是由一个 3×3 矩阵和一个 3×4 矩阵做“乘法”运算得到的.

由此，一般地，对矩阵的乘法有如下定义：

定义 2.5 设 $\boldsymbol{A}=[a_{ij}]$ 是一个 $m\times s$ 矩阵，$\boldsymbol{B}=[b_{ij}]$ 是一个 $s\times n$ 矩阵，则称 $m\times n$ 矩阵 $\boldsymbol{C}=[c_{ij}]$ 为矩阵 $\boldsymbol{A}$ 与 $\boldsymbol{B}$ 的**乘积**，记为 $\boldsymbol{C}=\boldsymbol{AB}$，其中

$$\begin{aligned} c_{ij} &= a_{i1}b_{1j}+a_{i2}b_{2j}+\cdots+a_{is}b_{sj} \\ &= \sum_{k=1}^{s} a_{ik}b_{kj}, \quad i=1,2,\cdots,m; j=1,2,\cdots,n \end{aligned}$$

由定义 2.5 可知，有如下结论：

(1)只有当左边矩阵 $\boldsymbol{A}$ 的列数与右边矩阵 $\boldsymbol{B}$ 的行数相等时，矩阵 $\boldsymbol{A}$ 与 $\boldsymbol{B}$ 才能相乘并得到 $\boldsymbol{AB}$.

(2)两个矩阵的乘积 $\boldsymbol{AB}$ 亦是矩阵，它的行数等于左边矩阵 $\boldsymbol{A}$ 的行数，它的列数等于右边矩阵 $\boldsymbol{B}$ 的列数.

(3)乘积矩阵 $\boldsymbol{AB}$ 中第 i 行第 j 列的元素等于矩阵 $\boldsymbol{A}$ 的第 i 行与矩阵 $\boldsymbol{B}$ 的第 j 列对应元素乘积之和，所以也称之为行乘列法则.该法则可表示如下：

$$\begin{bmatrix} a_{11} & a_{12} & \cdots & a_{1s} \\ \vdots & \vdots & & \vdots \\ \boxed{a_{i1} \quad a_{i2} \quad \cdots \quad a_{is}} \\ \vdots & \vdots & & \vdots \\ a_{m1} & a_{m2} & \cdots & a_{ms} \end{bmatrix} \begin{bmatrix} b_{11} & \cdots & \boxed{\begin{matrix} b_{1j} \\ b_{2j} \\ \vdots \\ b_{sj} \end{matrix}} & \cdots & b_{1n} \\ b_{21} & \cdots & & \cdots & b_{2n} \\ \vdots & & & & \\ b_{s1} & \cdots & & \cdots & b_{sn} \end{bmatrix} = \begin{bmatrix} c_{11} & \cdots & c_{1j} & \cdots & c_{1n} \\ \vdots & & \vdots & & \vdots \\ c_{i1} & \cdots & \boxed{c_{ij}} & \cdots & c_{in} \\ \vdots & & \vdots & & \vdots \\ c_{m1} & \cdots & c_{mj} & \cdots & c_{mn} \end{bmatrix}$$

其中

$$c_{ij}=a_{i1}b_{1j}+a_{i2}b_{2j}+\cdots+a_{is}b_{sj}=\sum_{k=1}^{s} a_{ik}b_{kj}$$

例 7 已知

$$\boldsymbol{A}=\begin{bmatrix} 1 & 0 & 3 \\ 2 & 1 & 0 \end{bmatrix}, \quad \boldsymbol{B}=\begin{bmatrix} 0 & 2 \\ -1 & 1 \\ 1 & 0 \end{bmatrix}$$

计算 $\boldsymbol{AB}$.

解 由已知，有

$$\begin{aligned} \boldsymbol{AB} &= \begin{bmatrix} 1 & 0 & 3 \\ 2 & 1 & 0 \end{bmatrix} \begin{bmatrix} 0 & 2 \\ -1 & 1 \\ 1 & 0 \end{bmatrix} \\ &= \begin{bmatrix} 1\times 0+0\times(-1)+3\times 1 & 1\times 2+0\times 1+3\times 0 \\ 2\times 0+1\times(-1)+0\times 1 & 2\times 2+1\times 1+0\times 0 \end{bmatrix} \\ &= \begin{bmatrix} 3 & 2 \\ -1 & 5 \end{bmatrix} \end{aligned}$$

例 8 在本章"引子"的希尔加密算法中,要把某一信息发送出去,需通过一个加密矩阵与该信息构成的矩阵相乘,接收方接收到的是它们的乘积矩阵.若要发送单词action,求接收方接收到的矩阵 $\boldsymbol{C}$.

解 设加密矩阵为

$$\boldsymbol{A}=\begin{bmatrix}1 & 1 & 0\\ 2 & 1 & -1\\ 3 & 4 & 2\end{bmatrix}$$

由于单词 action 的构成矩阵为

$$\boldsymbol{B}=\begin{bmatrix}1 & 9\\ 3 & 15\\ 20 & 14\end{bmatrix}$$

则

$$\boldsymbol{C}=\boldsymbol{AB}=\begin{bmatrix}1 & 1 & 0\\ 2 & 1 & -1\\ 3 & 4 & 2\end{bmatrix}\begin{bmatrix}1 & 9\\ 3 & 15\\ 20 & 14\end{bmatrix}=\begin{bmatrix}4 & 24\\ -15 & 19\\ 55 & 115\end{bmatrix}$$

矩阵 $\boldsymbol{C}$ 是将矩阵 $\boldsymbol{B}$ 加密后发出的矩阵.注意:$\boldsymbol{BA}$ 是无意义的.

例 9 设

$$\boldsymbol{A}=\begin{bmatrix}1 & -1\\ -1 & 1\end{bmatrix},\quad \boldsymbol{B}=\begin{bmatrix}1 & 1\\ -1 & -1\end{bmatrix},\quad \boldsymbol{C}=\begin{bmatrix}2 & 0\\ 0 & -2\end{bmatrix}$$

求 $\boldsymbol{AB}$,$\boldsymbol{BA}$ 及 $\boldsymbol{AC}$.

解 由已知,有

$$\boldsymbol{AB}=\begin{bmatrix}1 & -1\\ -1 & 1\end{bmatrix}\begin{bmatrix}1 & 1\\ -1 & -1\end{bmatrix}=\begin{bmatrix}2 & 2\\ -2 & -2\end{bmatrix}$$

$$\boldsymbol{BA}=\begin{bmatrix}1 & 1\\ -1 & -1\end{bmatrix}\begin{bmatrix}1 & -1\\ -1 & 1\end{bmatrix}=\begin{bmatrix}0 & 0\\ 0 & 0\end{bmatrix}$$

$$\boldsymbol{AC}=\begin{bmatrix}1 & -1\\ -1 & 1\end{bmatrix}\begin{bmatrix}2 & 0\\ 0 & -2\end{bmatrix}=\begin{bmatrix}2 & 2\\ -2 & -2\end{bmatrix}$$

由此可以看到,矩阵的乘法运算规律和我们所熟悉的数的乘法运算规律有许多不同之处.

(1)矩阵的乘法一般不满足交换律,即 $\boldsymbol{AB}$ 与 $\boldsymbol{BA}$ 可以不相等,甚至两者可以不必皆有意义(如例 8 中的 $\boldsymbol{BA}$);若 $\boldsymbol{AB}=\boldsymbol{BA}$,则称矩阵 $\boldsymbol{A}$ 与矩阵 $\boldsymbol{B}$ 可交换.

(2)在矩阵的乘法中存在 $\boldsymbol{A}\neq\boldsymbol{O}$,$\boldsymbol{B}\neq\boldsymbol{O}$,但 $\boldsymbol{AB}=\boldsymbol{O}$ 的情况(如例 9 中的 $\boldsymbol{BA}$).这表明两个非零矩阵的乘积可能是零矩阵.

(3)矩阵乘法的消去律不成立,即由 $\boldsymbol{A}\neq\boldsymbol{O}$,且 $\boldsymbol{AB}=\boldsymbol{AC}$,不能推导出 $\boldsymbol{B}=\boldsymbol{C}$(如例 9 中的 $\boldsymbol{AB}=\boldsymbol{AC}$,但 $\boldsymbol{B}\neq\boldsymbol{C}$).

同时,矩阵的乘法也有和数的乘法相似的运算规律(假设以下运算均满足矩阵乘法的条件).

(1)结合律:$(\boldsymbol{AB})\boldsymbol{C}=\boldsymbol{A}(\boldsymbol{BC})$.

(2)数乘结合律:$\lambda(\boldsymbol{AB})=(\lambda\boldsymbol{A})\boldsymbol{B}=\boldsymbol{A}(\lambda\boldsymbol{B})$.

(3)分配律:$\boldsymbol{A}(\boldsymbol{B}+\boldsymbol{C})=\boldsymbol{AB}+\boldsymbol{AC}$(左分配律),

$(\boldsymbol{B}+\boldsymbol{C})\boldsymbol{A}=\boldsymbol{BA}+\boldsymbol{CA}$(右分配律).

对于单位矩阵 $\boldsymbol{I}$,容易验证

$$\boldsymbol{I}_m\boldsymbol{A}_{m\times n}=\boldsymbol{A}_{m\times n},\quad \boldsymbol{A}_{m\times n}\boldsymbol{I}_n=\boldsymbol{A}_{m\times n}$$

由矩阵乘法的结合律,可以定义矩阵的乘幂运算.设 $\boldsymbol{A}$ 是 n 阶方阵,对于正整数 m,有

$$\boldsymbol{A}^m=\boldsymbol{A}^{m-1}\boldsymbol{A}=\underbrace{\boldsymbol{AA}\cdots\boldsymbol{A}}_{m\text{个}}$$

$\boldsymbol{A}^m$ 称为方阵 $\boldsymbol{A}$ 的 m 次幂.

规定:$\boldsymbol{A}^0=\boldsymbol{I}$.

利用结合律,容易验证

$$(\boldsymbol{A}^k)(\boldsymbol{A}^l)=\boldsymbol{A}^{k+l},\quad (\boldsymbol{A}^k)^l=\boldsymbol{A}^{kl}$$

其中 k,l 是任意非负整数.

由于矩阵的乘法不满足交换律,因此,一般地,有

$$(\boldsymbol{AB})^k\neq\boldsymbol{A}^k\boldsymbol{B}^k$$

2.2.5 矩阵的转置

有时我们需要将一个矩阵的行与列互换.

定义 2.6 把一个 $m\times n$ 矩阵

$$\boldsymbol{A}=\begin{bmatrix} a_{11} & a_{12} & \cdots & a_{1n} \\ a_{21} & a_{22} & \cdots & a_{2n} \\ \vdots & \vdots & & \vdots \\ a_{m1} & a_{m2} & \cdots & a_{mn} \end{bmatrix}$$

的行与列依次互换位置,得到 $n\times m$ 矩阵,称为矩阵 $\boldsymbol{A}$ 的**转置矩阵**,记为 $\boldsymbol{A}^{\mathrm{T}}$ 或 $\boldsymbol{A}'$,即

$$A^{\mathrm{T}}=\begin{bmatrix}a_{11} & a_{21} & \cdots & a_{m1}\\ a_{12} & a_{22} & \cdots & a_{m2}\\ \vdots & \vdots & & \vdots\\ a_{1n} & a_{2n} & \cdots & a_{mn}\end{bmatrix}$$

矩阵的转置满足以下运算性质(假设以下运算均满足矩阵加法和乘法的条件):

(1)$(\boldsymbol{A}^{\mathrm{T}})^{\mathrm{T}}=\boldsymbol{A}$.

(2)$(\boldsymbol{A}+\boldsymbol{B})^{\mathrm{T}}=\boldsymbol{A}^{\mathrm{T}}+\boldsymbol{B}^{\mathrm{T}}$.

(3)$(\boldsymbol{AB})^{\mathrm{T}}=\boldsymbol{B}^{\mathrm{T}}\boldsymbol{A}^{\mathrm{T}}$.

(4)$(k\boldsymbol{A})^{\mathrm{T}}=k\boldsymbol{A}^{\mathrm{T}}$($k$ 为实数).

例 10 设

$$\boldsymbol{A}=\begin{bmatrix}1 & 1 & 0\\ 0 & -1 & 2\end{bmatrix},\quad \boldsymbol{B}=\begin{bmatrix}4 & -1\\ 0 & 2\\ -3 & 2\end{bmatrix}$$

求 $\boldsymbol{A}^{\mathrm{T}},\boldsymbol{B}^{\mathrm{T}},\boldsymbol{AB},\boldsymbol{B}^{\mathrm{T}}\boldsymbol{A}^{\mathrm{T}}$.

解 由已知,有

$$\boldsymbol{A}^{\mathrm{T}}=\begin{bmatrix}1 & 1 & 0\\ 0 & -1 & 2\end{bmatrix}^{\mathrm{T}}=\begin{bmatrix}1 & 0\\ 1 & -1\\ 0 & 2\end{bmatrix}$$

$$\boldsymbol{B}^{\mathrm{T}}=\begin{bmatrix}4 & -1\\ 0 & 2\\ -3 & 2\end{bmatrix}^{\mathrm{T}}=\begin{bmatrix}4 & 0 & -3\\ -1 & 2 & 2\end{bmatrix}$$

$$\boldsymbol{AB}=\begin{bmatrix}1 & 1 & 0\\ 0 & -1 & 2\end{bmatrix}\begin{bmatrix}4 & -1\\ 0 & 2\\ -3 & 2\end{bmatrix}=\begin{bmatrix}4 & 1\\ -6 & 2\end{bmatrix}$$

$$\boldsymbol{B}^{\mathrm{T}}\boldsymbol{A}^{\mathrm{T}}=(\boldsymbol{AB})^{\mathrm{T}}=\begin{bmatrix}4 & -6\\ 1 & 2\end{bmatrix}$$

例 11 证明$(\boldsymbol{ABC})^{\mathrm{T}}=\boldsymbol{C}^{\mathrm{T}}\boldsymbol{B}^{\mathrm{T}}\boldsymbol{A}^{\mathrm{T}}$.

证明 由矩阵转置的运算性质,有

$$(\boldsymbol{ABC})^{\mathrm{T}}=\boldsymbol{C}^{\mathrm{T}}(\boldsymbol{AB})^{\mathrm{T}}=\boldsymbol{C}^{\mathrm{T}}\boldsymbol{B}^{\mathrm{T}}\boldsymbol{A}^{\mathrm{T}}$$

由例 11 可知,矩阵转置的这个运算性质还可以推广到有限个矩阵相乘的情形,即

$$(\boldsymbol{A}_1\boldsymbol{A}_2\cdots\boldsymbol{A}_k)^{\mathrm{T}}=\boldsymbol{A}_k^{\mathrm{T}}\cdots\boldsymbol{A}_2^{\mathrm{T}}\boldsymbol{A}_1^{\mathrm{T}}$$

2.3　几类特殊矩阵

本节将介绍几类特殊矩阵，这些矩阵都是方阵，在矩阵的理论中有着重要的作用，在矩阵运算中也是较为方便的.

2.3.1　对角矩阵

定义 2.7　主对角线以外的元素全为 0 的方阵称为**对角矩阵**，即

$$\boldsymbol{A}=\begin{bmatrix}a_1 & 0 & \cdots & 0\\ 0 & a_2 & \cdots & 0\\ \vdots & \vdots & & \vdots\\ 0 & 0 & \cdots & a_n\end{bmatrix}$$

有时也记作 $\mathrm{diag}(a_1,a_2,\cdots,a_n)$.

由定义 2.7 可知，单位矩阵 $\boldsymbol{I}$ 是对角矩阵，数量矩阵也是对角矩阵.

对角矩阵的运算满足下列性质：

(1)同阶对角矩阵的和与差仍然是对角矩阵，即

$$\boldsymbol{A}\pm\boldsymbol{B}=\begin{bmatrix}a_1 & 0 & \cdots & 0\\ 0 & a_2 & \cdots & 0\\ \vdots & \vdots & & \vdots\\ 0 & 0 & \cdots & a_n\end{bmatrix}\pm\begin{bmatrix}b_1 & 0 & \cdots & 0\\ 0 & b_2 & \cdots & 0\\ \vdots & \vdots & & \vdots\\ 0 & 0 & \cdots & b_n\end{bmatrix}$$

$$=\begin{bmatrix}a_1\pm b_1 & 0 & \cdots & 0\\ 0 & a_2\pm b_2 & \cdots & 0\\ \vdots & \vdots & & \vdots\\ 0 & 0 & \cdots & a_n\pm b_n\end{bmatrix}$$

(2)数与对角矩阵的乘积仍然是对角矩阵，即

$$k\boldsymbol{A}=k\begin{bmatrix}a_1 & 0 & \cdots & 0\\ 0 & a_2 & \cdots & 0\\ \vdots & \vdots & & \vdots\\ 0 & 0 & \cdots & a_n\end{bmatrix}=\begin{bmatrix}ka_1 & 0 & \cdots & 0\\ 0 & ka_2 & \cdots & 0\\ \vdots & \vdots & & \vdots\\ 0 & 0 & \cdots & ka_n\end{bmatrix}$$

(3)同阶对角矩阵的乘积仍然是对角矩阵，并且它们的乘积可交换，即

$$\boldsymbol{AB}=\begin{bmatrix}a_1&0&\cdots&0\\0&a_2&\cdots&0\\\vdots&\vdots&&\vdots\\0&0&\cdots&a_n\end{bmatrix}\begin{bmatrix}b_1&0&\cdots&0\\0&b_2&\cdots&0\\\vdots&\vdots&&\vdots\\0&0&\cdots&b_n\end{bmatrix}$$

$$=\begin{bmatrix}a_1b_1&0&\cdots&0\\0&a_2b_2&\cdots&0\\\vdots&\vdots&&\vdots\\0&0&\cdots&a_nb_n\end{bmatrix}$$

$$=\begin{bmatrix}b_1a_1&0&\cdots&0\\0&b_2a_2&\cdots&0\\\vdots&\vdots&&\vdots\\0&0&\cdots&b_na_n\end{bmatrix}=\boldsymbol{BA}$$

(4)对角矩阵 $\boldsymbol{A}$ 与它的转置矩阵 $\boldsymbol{A}^{\mathrm{T}}$ 相等,即

$$\boldsymbol{A}=\boldsymbol{A}^{\mathrm{T}}$$

对于以上运算性质,读者可以作为练习进行证明.

例 1 设

$$\boldsymbol{A}=\begin{bmatrix}1&0&0\\0&-2&0\\0&0&3\end{bmatrix},\quad \boldsymbol{B}=\begin{bmatrix}5&0&0\\0&-4&0\\0&0&2\end{bmatrix}$$

求 $\boldsymbol{A}+\boldsymbol{B}$,$(2\boldsymbol{A}-\boldsymbol{AB})^{\mathrm{T}}$.

解 由已知,有

$$\boldsymbol{A}+\boldsymbol{B}=\begin{bmatrix}1&0&0\\0&-2&0\\0&0&3\end{bmatrix}+\begin{bmatrix}5&0&0\\0&-4&0\\0&0&2\end{bmatrix}=\begin{bmatrix}6&0&0\\0&-6&0\\0&0&5\end{bmatrix}$$

由对角矩阵的性质可知,$2\boldsymbol{A}-\boldsymbol{AB}$ 仍为对角矩阵,故

$$(2\boldsymbol{A}-\boldsymbol{AB})^{\mathrm{T}}=2\boldsymbol{A}-\boldsymbol{AB}$$

因为

$$2\boldsymbol{A}=2\begin{bmatrix}1&0&0\\0&-2&0\\0&0&3\end{bmatrix}=\begin{bmatrix}2&0&0\\0&-4&0\\0&0&6\end{bmatrix}$$

$$\boldsymbol{AB}=\begin{bmatrix}1&0&0\\0&-2&0\\0&0&3\end{bmatrix}\begin{bmatrix}5&0&0\\0&-4&0\\0&0&2\end{bmatrix}=\begin{bmatrix}5&0&0\\0&8&0\\0&0&6\end{bmatrix}$$

所以

$$2\boldsymbol{A}-\boldsymbol{AB}=\begin{bmatrix}2&0&0\\0&-4&0\\0&0&6\end{bmatrix}-\begin{bmatrix}5&0&0\\0&8&0\\0&0&6\end{bmatrix}=\begin{bmatrix}-3&0&0\\0&-12&0\\0&0&0\end{bmatrix}$$

即

$$(2\boldsymbol{A}-\boldsymbol{AB})^{\mathrm{T}}=\begin{bmatrix}-3&0&0\\0&-12&0\\0&0&0\end{bmatrix}$$

2.3.2 三角形矩阵

定义 2.8 主对角线下方的元素全为 0 的方阵

$$\begin{bmatrix}a_{11}&a_{12}&\cdots&a_{1n}\\0&a_{22}&\cdots&a_{2n}\\\vdots&\vdots&&\vdots\\0&0&\cdots&a_{nn}\end{bmatrix}$$

称为**上三角形矩阵**.

主对角线上方的元素全为 0 的方阵

$$\begin{bmatrix}a_{11}&0&\cdots&0\\a_{21}&a_{22}&\cdots&0\\\vdots&\vdots&&\vdots\\a_{n1}&a_{n2}&\cdots&a_{nn}\end{bmatrix}$$

称为**下三角形矩阵**.

上三角形矩阵和下三角形矩阵统称**三角形矩阵**.

不难证明,两个同阶上(下)三角形矩阵的和、数乘、乘积仍为上(下)三角形矩阵,而上(下)三角形矩阵的转置为下(上)三角形矩阵.

例 2 设矩阵

$$\boldsymbol{A}=\begin{bmatrix}1&-2&1\\0&3&2\\0&0&5\end{bmatrix},\quad \boldsymbol{B}=\begin{bmatrix}2&5&1\\0&2&0\\0&0&-1\end{bmatrix}$$

计算 $\boldsymbol{A}+\boldsymbol{B}$,$-2\boldsymbol{A}$,$\boldsymbol{AB}$.

解 由已知,有

$$A+B=\begin{bmatrix}1&-2&1\\0&3&2\\0&0&5\end{bmatrix}+\begin{bmatrix}2&5&1\\0&2&0\\0&0&-1\end{bmatrix}=\begin{bmatrix}3&3&2\\0&5&2\\0&0&4\end{bmatrix}$$

$$-2A=-2\begin{bmatrix}1&-2&1\\0&3&2\\0&0&5\end{bmatrix}=\begin{bmatrix}-2&4&-2\\0&-6&-4\\0&0&-10\end{bmatrix}$$

$$AB=\begin{bmatrix}1&-2&1\\0&3&2\\0&0&5\end{bmatrix}\begin{bmatrix}2&5&1\\0&2&0\\0&0&-1\end{bmatrix}=\begin{bmatrix}2&1&0\\0&6&-2\\0&0&-5\end{bmatrix}$$

2.3.3 对称矩阵

定义 2.9 若矩阵 A 满足 $A=A^{T}$,则称 A 为**对称矩阵**.

例如,$\begin{bmatrix}1&-1\\-1&0\end{bmatrix}$,$\begin{bmatrix}2&1&2\\1&-3&-5\\2&-5&7\end{bmatrix}$都是对称矩阵.

由定义 2.9 可知,对称矩阵一定是方阵,并且关于主对角线对称的位置上的元素必对应相等,即 $a_{ij}=a_{ji}(i,j=1,2,\cdots,n)$.因此,由矩阵 A 的结构就能判断它是否为对称矩阵.

显然,对角矩阵是对称矩阵.

例 3 设 A 为任意给定的 $m\times n$ 矩阵,证明 AA^{T} 为对称矩阵.

证明 根据对称矩阵的定义,只需证明$(AA^{T})^{T}=AA^{T}$.

因为

$$(AA^{T})^{T}=(A^{T})^{T}A^{T}=AA^{T}$$

所以 AA^{T} 为对称矩阵.

不难证明,两个同阶对称矩阵的和、差以及数乘对称矩阵的积仍为对称矩阵.

注意:两个对称矩阵的乘积不一定是对称矩阵.例如,设

$$A=\begin{bmatrix}1&-1\\-1&2\end{bmatrix},\quad B=\begin{bmatrix}0&-1\\-1&0\end{bmatrix}$$

而它们的乘积

$$AB=\begin{bmatrix}1&-1\\-1&2\end{bmatrix}\begin{bmatrix}0&-1\\-1&0\end{bmatrix}=\begin{bmatrix}1&-1\\-2&1\end{bmatrix}$$

不是对称矩阵.

2.4 n 阶方阵的行列式

由于讨论矩阵性质的需要,下面引入 n 阶方阵的行列式的概念.

定义 2.10 与 n 阶方阵

$$\boldsymbol{A}=\begin{bmatrix} a_{11} & a_{12} & \cdots & a_{1n} \\ a_{21} & a_{22} & \cdots & a_{2n} \\ \vdots & \vdots & & \vdots \\ a_{n1} & a_{n2} & \cdots & a_{nn} \end{bmatrix}$$

相应的行列式

$$\begin{vmatrix} a_{11} & a_{12} & \cdots & a_{1n} \\ a_{21} & a_{22} & \cdots & a_{2n} \\ \vdots & \vdots & & \vdots \\ a_{n1} & a_{n2} & \cdots & a_{nn} \end{vmatrix}$$

称为**方阵 $\boldsymbol{A}$ 的行列式**,记作 $|\boldsymbol{A}|$ 或 $\det \boldsymbol{A}$.

例 1 设

$$\boldsymbol{A}=\begin{bmatrix} 1 & 2 & 3 \\ -1 & 3 & -4 \\ 1 & 7 & -5 \end{bmatrix}$$

计算 $|\boldsymbol{A}|$.

解 由已知,有

$$|\boldsymbol{A}|=\begin{vmatrix} 1 & 2 & 3 \\ -1 & 3 & -4 \\ 1 & 7 & -5 \end{vmatrix} \xlongequal[③+①(-1)]{②+①} \begin{vmatrix} 1 & 2 & 3 \\ 0 & 5 & -1 \\ 0 & 5 & -8 \end{vmatrix} \xlongequal{③+②(-1)} \begin{vmatrix} 1 & 2 & 3 \\ 0 & 5 & -1 \\ 0 & 0 & -7 \end{vmatrix}$$

$$=-35$$

关于方阵的行列式,有下面的重要定理.

定理 2.1 对于任意两个 n 阶方阵 $\boldsymbol{A}$,$\boldsymbol{B}$,总有

$$|\boldsymbol{AB}|=|\boldsymbol{A}|\,|\boldsymbol{B}|$$

即方阵乘积的行列式等于各方阵行列式的乘积.

例 2 设二阶矩阵

$$A=\begin{bmatrix}1&3\\2&4\end{bmatrix},\quad B=\begin{bmatrix}1&3\\-1&2\end{bmatrix}$$

验证 $|AB|=|A||B|$.

证明 由于

$$AB=\begin{bmatrix}1&3\\2&4\end{bmatrix}\begin{bmatrix}1&3\\-1&2\end{bmatrix}=\begin{bmatrix}-2&9\\-2&14\end{bmatrix}$$

所以

$$|AB|=\begin{vmatrix}-2&9\\-2&14\end{vmatrix}=-28+18=-10$$

又由于

$$|A|=\begin{vmatrix}1&3\\2&4\end{vmatrix}=4-6=-2,\quad |B|=\begin{vmatrix}1&3\\-1&2\end{vmatrix}=2+3=5$$

所以

$$|A||B|=(-2)\times 5=-10$$

故

$$|AB|=|A||B|$$

当然,定理 2.1 的意义不仅在于提供了计算方法,而且在于表明了两者之间的关系.

定理 2.1 可以推广到多个 n 阶矩阵相乘的情形.

推论 1 若 $A_1,A_2,\cdots,A_n$ 都是 n 阶矩阵,则

$$|A_1A_2\cdots A_n|=|A_1||A_2|\cdots|A_n|$$

特别地,

$$|A^n|=|A|^n$$

例 3 设

$$A=\begin{bmatrix}1&0\\1&2\end{bmatrix},\quad B=\begin{bmatrix}9&3\\1&-2\end{bmatrix}$$

求 $|A|,|B|,|A+B|$.

解 由已知,有

$$|A|=\begin{vmatrix}1&0\\1&2\end{vmatrix}=2,\quad |B|=\begin{vmatrix}9&3\\1&-2\end{vmatrix}=-21$$

因为

$$A+B=\begin{bmatrix}1&0\\1&2\end{bmatrix}+\begin{bmatrix}9&3\\1&-2\end{bmatrix}=\begin{bmatrix}10&3\\2&0\end{bmatrix}$$

所以

$$|\boldsymbol{A}+\boldsymbol{B}|=\begin{vmatrix}10 & 3\\2 & 0\end{vmatrix}=-6$$

由例 3 可见

$$|\boldsymbol{A}+\boldsymbol{B}|\neq|\boldsymbol{A}|+|\boldsymbol{B}|$$

推论 2 设 $\boldsymbol{A}$ 是 n 阶方阵，则 $|k\boldsymbol{A}|=k^n|\boldsymbol{A}|$.

例 4 设

$$\boldsymbol{A}=\begin{bmatrix}1 & 2 & 4\\0 & -1 & 7\\0 & 0 & -2\end{bmatrix},\quad \boldsymbol{B}=\begin{bmatrix}2 & 9 & 5\\0 & 1 & -2\\0 & 0 & -7\end{bmatrix}$$

求 $|\boldsymbol{A}\boldsymbol{B}^{\mathrm{T}}|$，$|2\boldsymbol{A}|$.

解 因为

$$|\boldsymbol{A}|=\begin{vmatrix}1 & 2 & 4\\0 & -1 & 7\\0 & 0 & -2\end{vmatrix}=2,\quad |\boldsymbol{B}|=\begin{vmatrix}2 & 9 & 5\\0 & 1 & -2\\0 & 0 & -7\end{vmatrix}=-14$$

所以

$$|\boldsymbol{A}\boldsymbol{B}^{\mathrm{T}}|=|\boldsymbol{A}||\boldsymbol{B}^{\mathrm{T}}|=|\boldsymbol{A}||\boldsymbol{B}|=2\times(-14)=-28$$

$$|2\boldsymbol{A}|=2^3|\boldsymbol{A}|=8\times2=16$$

2.5 可逆矩阵与逆矩阵

在 2.2 节介绍矩阵的运算时，我们没有论及矩阵的除法.那么，矩阵是否有除法呢?我们知道，数、多项式的除法可以通过列式计算，但很难设想矩阵的除法能够如法炮制.然而，数的除法可以刻画成乘法的逆运算.当 $a\neq0$ 时，有

$$c\div a=c\cdot\frac{1}{a}$$

若记 $b=\dfrac{1}{a}$(a 的倒数)，则 b 可由下式唯一确定：

$$ab=1=ba$$

把这种思想延拓到矩阵中，也就是说，对矩阵 $\boldsymbol{A}$ 做除法，关键是看是否有一个类似于“倒数”的矩阵成为矩阵 $\boldsymbol{A}$ 的“逆”，即是否有一个矩阵 $\boldsymbol{B}$，使得 $\boldsymbol{AB}=\boldsymbol{BA}=\boldsymbol{I}$.于是，对于方阵的情形，我们从讨论类似的等式出发，引入可逆矩阵与逆矩阵的概念.

2.5.1 可逆矩阵与逆矩阵的定义

定义 2.11 对于 n 阶方阵 $\boldsymbol{A}$，如果有 n 阶方阵 $\boldsymbol{B}$，满足

$$\boldsymbol{AB}=\boldsymbol{BA}=\boldsymbol{I} \tag{2-1}$$

则称矩阵 $\boldsymbol{A}$ 为**可逆矩阵**，称 $\boldsymbol{B}$ 为 $\boldsymbol{A}$ 的**逆矩阵**，记作 $\boldsymbol{A}^{-1}$.

若 $\boldsymbol{A}$ 是可逆矩阵，则 $\boldsymbol{A}$ 的逆矩阵是唯一的.这是因为，若 $\boldsymbol{B}_1$，$\boldsymbol{B}_2$ 均为 $\boldsymbol{A}$ 的逆矩阵，则

$$\boldsymbol{B}_1\boldsymbol{A}=\boldsymbol{AB}_1=\boldsymbol{I},\quad \boldsymbol{B}_2\boldsymbol{A}=\boldsymbol{AB}_2=\boldsymbol{I}$$

从而

$$\boldsymbol{B}_1=\boldsymbol{B}_1\boldsymbol{I}=\boldsymbol{B}_1(\boldsymbol{AB}_2)=(\boldsymbol{B}_1\boldsymbol{A})\boldsymbol{B}_2=\boldsymbol{IB}_2=\boldsymbol{B}_2$$

所以

$$\boldsymbol{B}_1=\boldsymbol{B}_2$$

例 1 设

$$\boldsymbol{A}=\begin{bmatrix}1&1&0\\1&2&2\\0&1&3\end{bmatrix},\quad \boldsymbol{B}=\begin{bmatrix}4&-3&2\\-3&3&-2\\1&-1&1\end{bmatrix}$$

经直接计算，可以验证

$$\boldsymbol{AB}=\boldsymbol{BA}=\begin{bmatrix}1&0&0\\0&1&0\\0&0&1\end{bmatrix}$$

所以矩阵 $\boldsymbol{A}$ 是可逆矩阵，且 $\boldsymbol{A}^{-1}=\boldsymbol{B}$.

由于在定义 2.11 中，$\boldsymbol{A}$ 与 $\boldsymbol{B}$ 的地位是相同的，当然也可以说矩阵 $\boldsymbol{B}$ 是可逆矩阵，且 $\boldsymbol{A}$ 为 $\boldsymbol{B}$ 的逆矩阵，即 $\boldsymbol{B}^{-1}=\boldsymbol{A}$.

例 2 因为 $\boldsymbol{II}=\boldsymbol{I}$，所以 $\boldsymbol{I}$ 是可逆矩阵，且 $\boldsymbol{I}^{-1}=\boldsymbol{I}$.

例 3 因为对任何方阵 $\boldsymbol{B}$，都有 $\boldsymbol{OB}=\boldsymbol{BO}=\boldsymbol{O}$，故零矩阵不是可逆矩阵.

由定义 2.11，可以直接证明可逆矩阵具有下列性质：

(1)若矩阵 $\boldsymbol{A}$ 可逆，则 $\boldsymbol{A}^{-1}$ 也可逆，并且 $(\boldsymbol{A}^{-1})^{-1}=\boldsymbol{A}$.

(2)若 n 阶方阵 $\boldsymbol{A}$ 与 $\boldsymbol{B}$ 都可逆，则 $\boldsymbol{AB}$ 也可逆，且

$$(\boldsymbol{AB})^{-1}=\boldsymbol{B}^{-1}\boldsymbol{A}^{-1}$$

证明 因为矩阵 $\boldsymbol{A}$ 与 $\boldsymbol{B}$ 都可逆，所以存在 $\boldsymbol{A}^{-1}$ 和 $\boldsymbol{B}^{-1}$.而

$$(\boldsymbol{AB})\boldsymbol{B}^{-1}\boldsymbol{A}^{-1}=\boldsymbol{A}(\boldsymbol{BB}^{-1})\boldsymbol{A}^{-1}=\boldsymbol{AIA}^{-1}=\boldsymbol{AA}^{-1}=\boldsymbol{I}$$

$$(\boldsymbol{B}^{-1}\boldsymbol{A}^{-1})(\boldsymbol{AB})=\boldsymbol{B}^{-1}(\boldsymbol{A}^{-1}\boldsymbol{A})\boldsymbol{B}=\boldsymbol{B}^{-1}\boldsymbol{IB}=\boldsymbol{B}^{-1}\boldsymbol{B}=\boldsymbol{I}$$

由定义 2.11 可知，$\boldsymbol{AB}$ 可逆，且

$$(\boldsymbol{AB})^{-1}=\boldsymbol{B}^{-1}\boldsymbol{A}^{-1}$$

性质(2)可以推广到多个 n 阶矩阵相乘的情形.例如，若 $\boldsymbol{A}_1,\boldsymbol{A}_2,\boldsymbol{A}_3$ 均为 n 阶可逆矩阵，则 $\boldsymbol{A}_1\boldsymbol{A}_2\boldsymbol{A}_3$ 也可逆，且

$$(\boldsymbol{A}_1\boldsymbol{A}_2\boldsymbol{A}_3)^{-1}=\boldsymbol{A}_3^{-1}\boldsymbol{A}_2^{-1}\boldsymbol{A}_1^{-1}$$

(3)若矩阵 $\boldsymbol{A}$ 可逆，则 $\boldsymbol{A}^{\mathrm{T}}$ 也可逆，并且 $(\boldsymbol{A}^{\mathrm{T}})^{-1}=(\boldsymbol{A}^{-1})^{\mathrm{T}}$.

(4)若矩阵 $\boldsymbol{A}$ 可逆，则 $|\boldsymbol{A}|\neq 0$，且 $|\boldsymbol{A}^{-1}|=|\boldsymbol{A}|^{-1}$.

2.5.2 可逆矩阵的判定

由例 3 可知，并不是所有的方阵都是可逆的.这就需要研究如何判别方阵 $\boldsymbol{A}$ 是否可逆的问题.下面将方阵的行列式作为工具来研究这个问题.

若方阵 $\boldsymbol{A}$ 可逆，则存在 $\boldsymbol{A}^{-1}$，使得

$$\boldsymbol{AA}^{-1}=\boldsymbol{I}$$

于是

$$|\boldsymbol{AA}^{-1}|=|\boldsymbol{I}|=1$$

而由定理 2.1，有

$$|\boldsymbol{AA}^{-1}|=|\boldsymbol{A}|\,|\boldsymbol{A}^{-1}|$$

所以

$$|\boldsymbol{A}|\,|\boldsymbol{A}^{-1}|=1$$

即必有

$$|\boldsymbol{A}|\neq 0$$

今后，将满足 $|\boldsymbol{A}|\neq 0$ 的方阵 $\boldsymbol{A}$ 称为**非奇异**的(或**非退化**的)；否则，称为**奇异**的(或**退化**的).下面把该结论归述为定理.

定理 2.2 方阵 $\boldsymbol{A}$ 可逆的必要条件为 $\boldsymbol{A}$ 是非奇异矩阵，即 $|\boldsymbol{A}|\neq 0$.

例 4 判断矩阵

$$\boldsymbol{A}=\begin{bmatrix}2 & 7 & 5 & -1\\ 1 & 2 & 1 & -5\\ -1 & 0 & 8 & -7\\ 2 & 7 & 5 & -1\end{bmatrix}$$

是否可逆.

解 因为矩阵 $\boldsymbol{A}$ 中的第 1 行与第 4 行相同，故

$$|\boldsymbol{A}|=0$$

由定理2.2可知,矩阵 $\boldsymbol{A}$ 不可逆.

反之,若 $|\boldsymbol{A}|\neq 0$,矩阵 $\boldsymbol{A}$ 是否可逆呢?回答是肯定的.为了证明这一点,需要引入一个概念.

定义 2.12 对于 n 阶方阵

$$\boldsymbol{A}=\begin{bmatrix} a_{11} & a_{12} & \cdots & a_{1n} \\ a_{21} & a_{22} & \cdots & a_{2n} \\ \vdots & \vdots & & \vdots \\ a_{n1} & a_{n2} & \cdots & a_{nn} \end{bmatrix}$$

称 n 阶方阵

$$\begin{bmatrix} A_{11} & A_{21} & \cdots & A_{n1} \\ A_{12} & A_{22} & \cdots & A_{n2} \\ \vdots & \vdots & & \vdots \\ A_{1n} & A_{2n} & \cdots & A_{nn} \end{bmatrix}$$

为矩阵 $\boldsymbol{A}$ 的**伴随矩阵**,记作 $\boldsymbol{A}^*$,其中的元素 $A_{ij}(i,j=1,2,\cdots,n)$ 为行列式 $|\boldsymbol{A}|$ 中元素 a_{ij} 的代数余子式.

例 5 设

$$\boldsymbol{A}=\begin{bmatrix} -3 & 0 & 4 \\ 5 & 0 & 3 \\ 2 & -2 & 1 \end{bmatrix}$$

求伴随矩阵 $\boldsymbol{A}^*$.

解 因为

$$A_{11}=\begin{vmatrix} 0 & 3 \\ -2 & 1 \end{vmatrix}=6,\quad A_{12}=-\begin{vmatrix} 5 & 3 \\ 2 & 1 \end{vmatrix}=1,\quad A_{13}=\begin{vmatrix} 5 & 0 \\ 2 & -2 \end{vmatrix}=-10$$

$$A_{21}=-\begin{vmatrix} 0 & 4 \\ -2 & 1 \end{vmatrix}=-8,\quad A_{22}=\begin{vmatrix} -3 & 4 \\ 2 & 1 \end{vmatrix}=-11,\quad A_{23}=-\begin{vmatrix} -3 & 0 \\ 2 & -2 \end{vmatrix}=-6$$

$$A_{31}=\begin{vmatrix} 0 & 4 \\ 0 & 3 \end{vmatrix}=0,\quad A_{32}=-\begin{vmatrix} -3 & 4 \\ 5 & 3 \end{vmatrix}=29,\quad A_{33}=\begin{vmatrix} -3 & 0 \\ 5 & 0 \end{vmatrix}=0$$

所以

$$\boldsymbol{A}^*=\begin{bmatrix} 6 & -8 & 0 \\ 1 & -11 & 29 \\ -10 & -6 & 0 \end{bmatrix}$$

利用伴随矩阵的定义,可以证明如下定理:

定理 2.3 若方阵 $\boldsymbol{A}$ 是非奇异的,即 $|\boldsymbol{A}|\neq 0$,则 $\boldsymbol{A}$ 是可逆的,并且

$$A^{-1}=\frac{1}{|A|}A^{*}$$

例 6 设

$$A=\begin{bmatrix}3 & -1 & 4\\ 1 & 0 & 0\\ 2 & 1 & -5\end{bmatrix}$$

求 A^{-1}.

解 因为

$$|A|=\begin{vmatrix}3 & -1 & 4\\ 1 & 0 & 0\\ 2 & 1 & -5\end{vmatrix}=-1$$

且

$$A_{11}=0,\quad A_{12}=5,\quad A_{13}=1,\quad A_{21}=-1,\quad A_{22}=-23$$
$$A_{23}=-5,\quad A_{31}=0,\quad A_{32}=4,\quad A_{33}=1$$

则伴随矩阵

$$A^{*}=\begin{bmatrix}0 & -1 & 0\\ 5 & -23 & 4\\ 1 & -5 & 1\end{bmatrix}$$

所以

$$A^{-1}=\begin{bmatrix}0 & 1 & 0\\ -5 & 23 & -4\\ -1 & 5 & -1\end{bmatrix}$$

将定理 2.2 和定理 2.3 合在一起,可以写成下述定理:

定理 2.4 矩阵 A 为可逆矩阵的充分必要条件是 $|A|\neq 0$,且

$$A^{-1}=\frac{1}{|A|}A^{*}$$

定理 2.4 不仅给出了判断一个矩阵是否可逆的方法,而且给出了一种求逆矩阵 A^{-1} 的方法——伴随矩阵法.

例 7 设 $A=\begin{bmatrix}a & b\\ c & d\end{bmatrix}$,问:当 a,b,c,d 满足什么条件时,矩阵 A 可逆?当矩阵 A 可逆时,求 A^{-1}.

解 要想判断矩阵 A 何时可逆,只需看 $|A|$ 何时不为 0.

因为

$$|\boldsymbol{A}|=\begin{vmatrix}a & b\\ c & d\end{vmatrix}=ad-bc$$

所以当 $ad-bc\neq0$ 时，$|\boldsymbol{A}|\neq0$，矩阵 $\boldsymbol{A}$ 可逆.此时，有

$$\boldsymbol{A}^{-1}=\frac{1}{|\boldsymbol{A}|}\boldsymbol{A}^{*}=\frac{1}{ad-bc}\begin{bmatrix}d & -b\\ -c & a\end{bmatrix}=\begin{bmatrix}\dfrac{d}{ad-bc} & \dfrac{-b}{ad-bc}\\ \dfrac{-c}{ad-bc} & \dfrac{a}{ad-bc}\end{bmatrix}$$

当 $ad-bc=0$ 时，$|\boldsymbol{A}|=0$，从而矩阵 $\boldsymbol{A}$ 不可逆.

定理 2.4 的重要性在于，它揭示了 n 阶矩阵是否可逆取决于它的行列式是否不等于 0.由此可见 n 阶矩阵与它的行列式之间的密切关系.

定理 2.5 设 $\boldsymbol{A}$ 与 $\boldsymbol{B}$ 都是 n 阶方阵，若 $\boldsymbol{AB}=\boldsymbol{I}$，则矩阵 $\boldsymbol{A}$ 与 $\boldsymbol{B}$ 都可逆，并且 $\boldsymbol{A}^{-1}=\boldsymbol{B}$，$\boldsymbol{B}^{-1}=\boldsymbol{A}$.

定理 2.5 说明，讨论矩阵 $\boldsymbol{A}$ 是否可逆时，只要 $\boldsymbol{AB}=\boldsymbol{I}$ 成立，就必有 $\boldsymbol{BA}=\boldsymbol{I}$ 成立，反之亦然.因此，不必按照定义 2.11 验证 $\boldsymbol{AB}=\boldsymbol{I}$ 和 $\boldsymbol{BA}=\boldsymbol{I}$ 两个式子.

2.6 矩阵的初等行变换和初等矩阵

矩阵的初等行变换起源于解线性方程组的三类同解变换，利用初等行变换，将矩阵 $\boldsymbol{A}$ 化为形状“简单”的矩阵 $\boldsymbol{B}$，从而通过矩阵 $\boldsymbol{B}$ 来探讨与矩阵 $\boldsymbol{A}$ 有关的问题或其某些性质，这是讨论矩阵问题的常用方法.

2.6.1 矩阵的初等行变换

定义 2.13 矩阵的初等行变换是指对矩阵进行下列三种变换：

(1)将矩阵的某两行互换位置；

(2)将某一行遍乘一个非零常数 k；

(3)将矩阵的某一行遍乘一个常数 k 后加到另一行上.

称(1)为**对换变换**.例如，将第 1 行与第 3 行互换，可记为

$$\begin{bmatrix}a_{11} & a_{12} & a_{13}\\ a_{21} & a_{22} & a_{23}\\ a_{31} & a_{32} & a_{33}\end{bmatrix}\xrightarrow{(①,③)}\begin{bmatrix}a_{31} & a_{32} & a_{33}\\ a_{21} & a_{22} & a_{23}\\ a_{11} & a_{12} & a_{13}\end{bmatrix}$$

规定：(①，③)表示将第 1 行和第 3 行互换，写在箭线的上方.

称(2)为**倍乘变换**.例如,将第 2 行遍乘非零常数 k,可记为

$$\begin{bmatrix} a_{11} & a_{12} & a_{13} \\ a_{21} & a_{22} & a_{23} \\ a_{31} & a_{32} & a_{33} \end{bmatrix} \xrightarrow{②k} \begin{bmatrix} a_{11} & a_{12} & a_{13} \\ ka_{21} & ka_{22} & ka_{23} \\ a_{31} & a_{32} & a_{33} \end{bmatrix}$$

称(3)为**倍加变换**.例如,将第 1 行遍乘常数 k 后加到第 2 行上,可记为

$$\begin{bmatrix} a_{11} & a_{12} & a_{13} \\ a_{21} & a_{22} & a_{23} \\ a_{31} & a_{32} & a_{33} \end{bmatrix} \xrightarrow{②+①k} \begin{bmatrix} a_{11} & a_{12} & a_{13} \\ a_{21}+ka_{11} & a_{22}+ka_{12} & a_{23}+ka_{13} \\ a_{31} & a_{32} & a_{33} \end{bmatrix}$$

由矩阵 $\boldsymbol{A}$ 经过初等行变换得到矩阵 $\boldsymbol{B}$,一般记作 $\boldsymbol{A}\to\boldsymbol{B}$.

对矩阵进行初等行变换,可以使矩阵的元素发生很大变化,从而使变换前后的两个矩阵是不同的.但我们可以发现,经过初等行变换后,矩阵的一些特性是保持不变的.例如,矩阵的奇异性是不变的,参见下面的定理.

定理 2.6　设方阵 $\boldsymbol{A}$ 经过若干次初等行变换后得到方阵 $\boldsymbol{B}$,若 $|\boldsymbol{A}|\neq 0$,则 $|\boldsymbol{B}|\neq 0$,反之亦然.

由此可知,无论进行哪一种初等行变换、进行多少次初等行变换,矩阵 $\boldsymbol{A}$ 的奇异性都不会改变.

例 1　设

$$\boldsymbol{A}=\begin{bmatrix} 2 & -1 & 1 \\ 1 & 2 & 3 \\ 3 & 0 & -1 \end{bmatrix}$$

试用初等行变换判断矩阵 $\boldsymbol{A}$ 是否可逆.

解　对矩阵 $\boldsymbol{A}$ 进行初等行变换,有

$$\boldsymbol{A}=\begin{bmatrix} 2 & -1 & 1 \\ 1 & 2 & 3 \\ 3 & 0 & -1 \end{bmatrix} \xrightarrow{(①,②)} \begin{bmatrix} 1 & 2 & 3 \\ 2 & -1 & 1 \\ 3 & 0 & -1 \end{bmatrix} \xrightarrow[③+①(-3)]{②+①(-2)} \begin{bmatrix} 1 & 2 & 3 \\ 0 & -5 & -5 \\ 0 & -6 & -10 \end{bmatrix}$$

$$\xrightarrow{②\left(-\frac{1}{5}\right)} \begin{bmatrix} 1 & 2 & 3 \\ 0 & 1 & 1 \\ 0 & -6 & -10 \end{bmatrix} \xrightarrow{③+②6} \begin{bmatrix} 1 & 2 & 3 \\ 0 & 1 & 1 \\ 0 & 0 & -4 \end{bmatrix}$$

因为

$$\begin{vmatrix} 1 & 2 & 3 \\ 0 & 1 & 1 \\ 0 & 0 & -4 \end{vmatrix}=-4\neq 0$$

所以由定理 2.6 可知 $|\boldsymbol{A}|\neq 0$,即矩阵 $\boldsymbol{A}$ 可逆.

如果对例1再运用初等行变换，将其尽量化简，则可将其化为单位矩阵.具体做法如下：

$$\begin{bmatrix}1&2&3\\0&1&1\\0&0&-4\end{bmatrix}\xrightarrow{③\left(-\frac{1}{4}\right)}\begin{bmatrix}1&2&3\\0&1&1\\0&0&1\end{bmatrix}\xrightarrow[①+③(-3)]{②+③(-1)}\begin{bmatrix}1&2&0\\0&1&0\\0&0&1\end{bmatrix}\xrightarrow{①+②(-2)}\begin{bmatrix}1&0&0\\0&1&0\\0&0&1\end{bmatrix}$$

上述化简过程具有一般性，因此，由定理2.6可以得到下面的推论.

推论 任何非奇异矩阵均能经过初等行变换化为单位矩阵.

2.6.2 初等矩阵

由前面我们已经知道，如果对矩阵 $\boldsymbol{A}$ 施行初等行变换后得到矩阵 $\boldsymbol{B}$，则矩阵 $\boldsymbol{A}$ 与 $\boldsymbol{B}$ 一般是不相等的，所以我们不能用等号来描述这一变换过程，而只能用箭线.那么，是否可以用等式来说明矩阵的初等行变换过程呢?下面通过引入初等矩阵的概念来解决这个问题.

我们发现，矩阵的初等行变换可以表示为矩阵的乘法运算.例如，

$$\begin{bmatrix}0&1&0\\1&0&0\\0&0&1\end{bmatrix}\begin{bmatrix}1&4&-1&3\\0&3&2&-4\\3&-2&1&5\end{bmatrix}=\begin{bmatrix}0&3&2&-4\\1&4&-1&3\\3&-2&1&5\end{bmatrix}$$

可见，两个矩阵乘积的结果等同于将矩阵 $\begin{bmatrix}1&4&-1&3\\0&3&2&-4\\3&-2&1&5\end{bmatrix}$ 的第1行和第2行互换.再仔细观察一下左边所乘的矩阵 $\begin{bmatrix}0&1&0\\1&0&0\\0&0&1\end{bmatrix}$，其恰好就是由单位矩阵的第1行和第2行互换所得的矩阵.于是我们可以推测：要把一个矩阵的第2行遍乘常数 k，是否等同于其左边乘以一个由单位矩阵的第2行遍乘常数 k 所得的矩阵呢?要把一个矩阵的第1行遍乘 k 后加到第3行上，是否等同于其左边乘以一个单位矩阵的第1行遍乘 k 后加到第3行上所得的矩阵呢?下面用具体例子验证一下.

$$\begin{bmatrix}1&0&0\\0&k&0\\0&0&1\end{bmatrix}\begin{bmatrix}1&4&-1&3\\0&3&2&-4\\3&-2&1&5\end{bmatrix}=\begin{bmatrix}1&4&-1&3\\0&3k&2k&-4k\\3&-2&1&5\end{bmatrix}$$

$$\begin{bmatrix}1&0&0\\0&1&0\\k&0&1\end{bmatrix}\begin{bmatrix}1&4&-1&3\\0&3&2&-4\\3&-2&1&5\end{bmatrix}=\begin{bmatrix}1&4&-1&3\\0&3&2&-4\\3+k&-2+4k&1-k&5+3k\end{bmatrix}$$

其结果与我们预先设想的是一致的.实际上,可总结出下面的一般规律.

定义 2.14　将单位矩阵做一次初等行变换得到的矩阵称为**初等矩阵**.

对应于三种初等行变换,有三种类型的初等矩阵.

(1)初等对换矩阵

$$
\boldsymbol{E}_{ij}=\begin{bmatrix}
1 & & & & & & & & & & \\
 & \ddots & & & & & & & & & \\
 & & 1 & & & & & & & & \\
 & & & 0 & & \cdots & & 1 & & & \\
 & & & & 1 & & & & & & \\
 & & & \vdots & & \ddots & & \vdots & & & \\
 & & & & & & 1 & & & & \\
 & & & 1 & & \cdots & & 0 & & & \\
 & & & & & & & & 1 & & \\
 & & & & & & & & & \ddots & \\
 & & & & & & & & & & 1
\end{bmatrix}
\begin{matrix} \\ \\ \\ \text{第 } i \text{ 行} \\ \\ \\ \\ \text{第 } j \text{ 行} \\ \\ \\ \\ \end{matrix}
$$

$\boldsymbol{E}_{ij}$是由单位矩阵的第 i 行和第 j 行互换得到的.

(2)初等倍乘矩阵

$$
\boldsymbol{E}_{i}(k)=\begin{bmatrix}
1 & & & & & & \\
 & \ddots & & & & & \\
 & & 1 & & & & \\
 & & & k & & & \\
 & & & & 1 & & \\
 & & & & & \ddots & \\
 & & & & & & 1
\end{bmatrix}
\begin{matrix} \\ \\ \\ \text{第 } i \text{ 行} \\ \\ \\ \\ \end{matrix}
$$

其中 $k\neq0$,$\boldsymbol{E}_{i}(k)$是由单位矩阵的第 i 行遍乘 k 得到的.

(3)初等倍加矩阵

$$
\boldsymbol{E}_{ij}(k)=\begin{bmatrix}
1 & & & & & & & & \\
 & \ddots & & & & & & & \\
 & & 1 & & & & & & \\
 & & & 1 & & & & & \\
 & & & \vdots & \ddots & & & & \\
 & & & k & \cdots & 1 & & & \\
 & & & & & & 1 & & \\
 & & & & & & & \ddots & \\
 & & & & & & & & 1
\end{bmatrix}
\begin{matrix} \\ \\ \\ \text{第 } i \text{ 行} \\ \\ \text{第 } j \text{ 行} \\ \\ \\ \\ \end{matrix}
$$

$E_{ij}(k)$是由单位矩阵的第 i 行遍乘 k 加到第 j 行上得到的.

可以证明,对 $m\times n$ 矩阵 $\boldsymbol{A}$ 进行初等行变换等同于在矩阵 $\boldsymbol{A}$ 左边乘以相应的初等矩阵,即

(1)矩阵 $\boldsymbol{A}$ 的第 i 行与第 j 行互换等同于矩阵乘法运算 $\boldsymbol{E}_{ij}\boldsymbol{A}$.

(2)矩阵 $\boldsymbol{A}$ 的第 i 行遍乘 k 等同于矩阵乘法运算 $\boldsymbol{E}_i(k)\boldsymbol{A}$.

(3)矩阵 $\boldsymbol{A}$ 的第 i 行遍乘 k 加到第 j 行上等同于矩阵乘法运算 $\boldsymbol{E}_{ij}(k)\boldsymbol{A}$.

由定理 2.6 可知,初等矩阵都是可逆矩阵.

2.6.3 运用初等行变换求逆矩阵

例 1 已经说明,可用初等行变换来判断矩阵的奇异性.其实,初等行变换是处理矩阵问题常用的一种基本方法.下面介绍运用初等行变换求逆矩阵的方法.

由定理 2.6 的推论可知,任何可逆矩阵都能运用初等行变换化为单位矩阵,而由 2.6.2 小节可知,每进行一次初等行变换等同于在矩阵左边乘以一个相应的初等矩阵,因此,当运用初等行变换将可逆矩阵 $\boldsymbol{A}$ 化为单位矩阵时,就相当于找到一些初等矩阵 $\boldsymbol{P}_1,\boldsymbol{P}_2,\cdots,\boldsymbol{P}_t$,使得

$$\boldsymbol{P}_t\cdots\boldsymbol{P}_2\boldsymbol{P}_1\boldsymbol{A}=\boldsymbol{I}$$

由定理 2.5 可知

$$\boldsymbol{A}^{-1}=\boldsymbol{P}_t\cdots\boldsymbol{P}_2\boldsymbol{P}_1$$

所以要想求出 $\boldsymbol{A}^{-1}$,只需在做初等行变换时,把相应初等矩阵的乘积记录下来即可.具体做法如下:对矩阵 $\boldsymbol{A}$ 进行一系列初等行变换,在将其化为单位矩阵 $\boldsymbol{I}$ 的过程中,同时对单位矩阵 $\boldsymbol{I}$ 进行完全相同的初等行变换,则当矩阵 $\boldsymbol{A}$ 化为单位矩阵 $\boldsymbol{I}$ 时,单位矩阵 $\boldsymbol{I}$ 就化为 $\boldsymbol{A}^{-1}$,即

$$\boldsymbol{A}\xrightarrow{\boldsymbol{P}_t\cdots\boldsymbol{P}_2\boldsymbol{P}_1}\boldsymbol{I},\quad \boldsymbol{I}\xrightarrow{\boldsymbol{P}_t\cdots\boldsymbol{P}_2\boldsymbol{P}_1}\boldsymbol{A}^{-1}$$

通常采取形式$[\boldsymbol{A}\vdots\boldsymbol{I}]\xrightarrow{\boldsymbol{P}_t\cdots\boldsymbol{P}_2\boldsymbol{P}_1}[\boldsymbol{I}\vdots\boldsymbol{A}^{-1}]$表示求矩阵 $\boldsymbol{A}$ 的逆矩阵运算.

例 2 用初等行变换求矩阵

$$\boldsymbol{A}=\begin{bmatrix}1&3&1\\2&2&1\\3&4&2\end{bmatrix}$$

的逆矩阵.

解 把矩阵 $\boldsymbol{A}$ 和单位矩阵 $\boldsymbol{I}$ 排成$[\boldsymbol{A}\vdots\boldsymbol{I}]$,对它们做同样的初等行变换,目标是将

矩阵 $\boldsymbol{A}$ 化为单位矩阵 $\boldsymbol{I}$.

$$[\boldsymbol{A} \vdots \boldsymbol{I}]=\left[\begin{array}{ccc:ccc}1 & 3 & 1 & 1 & 0 & 0 \\ 2 & 2 & 1 & 0 & 1 & 0 \\ 3 & 4 & 2 & 0 & 0 & 1\end{array}\right]$$

$$\xrightarrow[③+①(-3)]{②+①(-2)}\left[\begin{array}{ccc:ccc}1 & 3 & 1 & 1 & 0 & 0 \\ 0 & -4 & -1 & -2 & 1 & 0 \\ 0 & -5 & -1 & -3 & 0 & 1\end{array}\right]$$

$$\xrightarrow{②+③(-1)}\left[\begin{array}{ccc:ccc}1 & 3 & 1 & 1 & 0 & 0 \\ 0 & 1 & 0 & 1 & 1 & -1 \\ 0 & -5 & -1 & -3 & 0 & 1\end{array}\right]$$

$$\xrightarrow{③+②5}\left[\begin{array}{ccc:ccc}1 & 3 & 1 & 1 & 0 & 0 \\ 0 & 1 & 0 & 1 & 1 & -1 \\ 0 & 0 & -1 & 2 & 5 & -4\end{array}\right]$$

$$\xrightarrow{③(-1)}\left[\begin{array}{ccc:ccc}1 & 3 & 1 & 1 & 0 & 0 \\ 0 & 1 & 0 & 1 & 1 & -1 \\ 0 & 0 & 1 & -2 & -5 & 4\end{array}\right]$$

$$\xrightarrow{①+③(-1)}\left[\begin{array}{ccc:ccc}1 & 3 & 0 & 3 & 5 & -4 \\ 0 & 1 & 0 & 1 & 1 & -1 \\ 0 & 0 & 1 & -2 & -5 & 4\end{array}\right]$$

$$\xrightarrow{①+②(-3)}\left[\begin{array}{ccc:ccc}1 & 0 & 0 & 0 & 2 & -1 \\ 0 & 1 & 0 & 1 & 1 & -1 \\ 0 & 0 & 1 & -2 & -5 & 4\end{array}\right]$$

于是

$$\boldsymbol{A}^{-1}=\begin{bmatrix}0 & 2 & -1 \\ 1 & 1 & -1 \\ -2 & -5 & 4\end{bmatrix}$$

用初等行变换求逆矩阵,特别是当方阵的阶数较高时,要比用伴随矩阵法简捷得多.因此,这种方法常用于在计算机上计算大型方阵的逆矩阵.

总之,当给定一个 n 阶方阵 $\boldsymbol{A}$ 后,无论其是否可逆,均可用上面求逆矩阵的步骤去做.若进行到一定时候,能看出 n 阶方阵 $\boldsymbol{A}$ 变成方阵 $\boldsymbol{B}$,且 $\boldsymbol{B}$ 是奇异的,则方阵 $\boldsymbol{A}$ 也是奇异的;若将方阵 $\boldsymbol{A}$ 化为单位矩阵,则右边得到的矩阵就是所求的 $\boldsymbol{A}^{-1}$.

例 3 解矩阵方程

$$\begin{bmatrix}1&1&0\\2&1&-1\\3&4&2\end{bmatrix}\boldsymbol{X}=\begin{bmatrix}1&-4\\0&2\\3&-1\end{bmatrix}$$

解 设

$$\boldsymbol{A}=\begin{bmatrix}1&1&0\\2&1&-1\\3&4&2\end{bmatrix},\quad \boldsymbol{B}=\begin{bmatrix}1&-4\\0&2\\3&-1\end{bmatrix}$$

若矩阵 $\boldsymbol{A}$ 可逆,则 $\boldsymbol{X}=\boldsymbol{A}^{-1}\boldsymbol{B}$.

因为

$$[\boldsymbol{A}\ \vdots\ \boldsymbol{I}]=\left[\begin{array}{ccc:ccc}1&1&0&1&0&0\\2&1&-1&0&1&0\\3&4&2&0&0&1\end{array}\right]$$

$$\to\left[\begin{array}{ccc:ccc}1&1&0&1&0&0\\0&-1&-1&-2&1&0\\0&1&2&-3&0&1\end{array}\right]$$

$$\to\left[\begin{array}{ccc:ccc}1&1&0&1&0&0\\0&1&1&2&-1&0\\0&0&1&-5&1&1\end{array}\right]$$

$$\to\left[\begin{array}{ccc:ccc}1&1&0&1&0&0\\0&1&0&7&-2&-1\\0&0&1&-5&1&1\end{array}\right]$$

$$\to\left[\begin{array}{ccc:ccc}1&0&0&-6&2&1\\0&1&0&7&-2&-1\\0&0&1&-5&1&1\end{array}\right]$$

所以

$$\boldsymbol{A}^{-1}=\begin{bmatrix}-6&2&1\\7&-2&-1\\-5&1&1\end{bmatrix}$$

于是

$$\boldsymbol{X}=\boldsymbol{A}^{-1}\boldsymbol{B}=\begin{bmatrix}-6&2&1\\7&-2&-1\\-5&1&1\end{bmatrix}\begin{bmatrix}1&-4\\0&2\\3&-1\end{bmatrix}=\begin{bmatrix}-3&27\\4&-31\\-2&21\end{bmatrix}$$

例 4 在 2.2.4 小节的例 8 中,按照希尔加密算法,接收方得到的是加密矩阵 $\boldsymbol{A}$ 和信息构成的矩阵 $\boldsymbol{B}$ 的乘积矩阵 $\boldsymbol{C}$,要通过一个解密矩阵还原出矩阵 $\boldsymbol{B}$,求该解密矩阵.

解 因为 $\boldsymbol{AB}=\boldsymbol{C}$，若矩阵 $\boldsymbol{A}$ 可逆，则 $\boldsymbol{B}=\boldsymbol{A}^{-1}\boldsymbol{C}$. 又因为

$$[\boldsymbol{A} \vdots \boldsymbol{I}]=\left[\begin{array}{ccc:ccc}1 & 1 & 0 & 1 & 0 & 0\\ 2 & 1 & -1 & 0 & 1 & 0\\ 3 & 4 & 2 & 0 & 0 & 1\end{array}\right]$$

$$\rightarrow\left[\begin{array}{ccc:ccc}1 & 1 & 0 & 1 & 0 & 0\\ 0 & -1 & -1 & -2 & 1 & 0\\ 0 & 1 & 2 & -3 & 0 & 1\end{array}\right]$$

$$\rightarrow\left[\begin{array}{ccc:ccc}1 & 1 & 0 & 1 & 0 & 0\\ 0 & -1 & -1 & -2 & 1 & 0\\ 0 & 0 & 1 & -5 & 1 & 1\end{array}\right]$$

$$\rightarrow\left[\begin{array}{ccc:ccc}1 & 1 & 0 & 1 & 0 & 0\\ 0 & -1 & 0 & -7 & 2 & 1\\ 0 & 0 & 1 & -5 & 1 & 1\end{array}\right]$$

$$\rightarrow\left[\begin{array}{ccc:ccc}1 & 0 & 0 & -6 & 2 & 1\\ 0 & 1 & 0 & 7 & -2 & -1\\ 0 & 0 & 1 & -5 & 1 & 1\end{array}\right]$$

所以

$$\boldsymbol{A}^{-1}=\begin{bmatrix}-6 & 2 & 1\\ 7 & -2 & -1\\ -5 & 1 & 1\end{bmatrix}$$

于是

$$\boldsymbol{A}^{-1}\boldsymbol{C}=\begin{bmatrix}-6 & 2 & 1\\ 7 & -2 & -1\\ -5 & 1 & 1\end{bmatrix}\begin{bmatrix}4 & 24\\ -15 & 19\\ 55 & 115\end{bmatrix}=\begin{bmatrix}1 & 9\\ 3 & 15\\ 20 & 14\end{bmatrix}=\boldsymbol{B}$$

由此可知，加密矩阵一定是可逆矩阵，且解密矩阵就是其逆矩阵.

2.7 矩阵的秩

矩阵的秩是线性代数中一个非常重要的概念，它不仅与可逆矩阵的问题有关，而且在讨论线性方程组解的情况中起重要的作用.

为了引入矩阵的秩的概念，首先给出矩阵的子式的定义.

定义 2.15 在矩阵 $\boldsymbol{A}$ 中，位于任意选定的 k 行、k 列交叉位置上的 k^2 个元素按

原来的次序组成的 k 阶行列式，称为 $\mathbf{A}$ 的一个 **$\boldsymbol{k}$ 阶子式**.如果子式的值不为 0，则称为**非零子式**.

例如，矩阵

$$\begin{bmatrix}1 & 2 & -1\\3 & 0 & 1\end{bmatrix}$$

有 3 个二阶子式，它们分别是

$$\begin{vmatrix}1 & 2\\3 & 0\end{vmatrix},\quad\begin{vmatrix}1 & -1\\3 & 1\end{vmatrix},\quad\begin{vmatrix}2 & -1\\0 & 1\end{vmatrix}$$

显然，矩阵 $\mathbf{A}$ 的每个元素都构成它的一个一阶子式，$m\times n$ 矩阵 $\mathbf{A}$ 的所有子式的最高阶数不会超过 $\min\{m,n\}$；当矩阵 $\mathbf{A}$ 是 n 阶方阵时，$|\mathbf{A}|$ 是矩阵 $\mathbf{A}$ 的阶数最高的子式.

定义 2.16 矩阵 $\mathbf{A}$ 的非零子式的最高阶数称为**矩阵 $\mathbf{A}$ 的秩**，记为 $r(\mathbf{A})$或秩$(\mathbf{A})$.

例 1 设

$$\mathbf{A}=\begin{bmatrix}1 & 2 & 1 & 1\\1 & 2 & 0 & 2\\0 & 0 & 0 & 0\end{bmatrix}$$

求 $r(\mathbf{A})$.

解 由于 $1\leqslant r(\mathbf{A})\leqslant 3$，矩阵 $\mathbf{A}$ 的所有三阶子式

$$\begin{vmatrix}1 & 2 & 1\\1 & 2 & 0\\0 & 0 & 0\end{vmatrix},\quad\begin{vmatrix}1 & 2 & 1\\1 & 2 & 2\\0 & 0 & 0\end{vmatrix},\quad\begin{vmatrix}1 & 1 & 1\\1 & 0 & 2\\0 & 0 & 0\end{vmatrix},\quad\begin{vmatrix}2 & 1 & 1\\2 & 0 & 2\\0 & 0 & 0\end{vmatrix}$$

都等于 0，且矩阵 $\mathbf{A}$ 的一个二阶子式

$$\begin{vmatrix}1 & 1\\0 & 2\end{vmatrix}=2\neq 0$$

是非零子式，所以由定义 2.16 可知

$$r(\mathbf{A})=2$$

例 2 设 $\mathbf{A}$ 为 n 阶非奇异矩阵，求 $r(\mathbf{A})$.

解 由于 $\mathbf{A}$ 为非奇异矩阵，所以 $\mathbf{A}$ 的 n 阶子式

$$|\mathbf{A}|\neq 0$$

因此，

$$r(\mathbf{A})=n$$

其实，例 2 的逆命题亦成立，即若一个 n 阶方阵 $\mathbf{A}$ 的秩为 n，则 $\mathbf{A}$ 必为非奇异矩阵.由此可见，n 阶方阵 $\mathbf{A}$ 是非奇异矩阵等价于 $r(\mathbf{A})=n$.以后亦称 $r(\mathbf{A})=n$ 的 n 阶方阵为**满秩矩阵**.

显然，对于一个矩阵 $\boldsymbol{A}$ 来说，其秩是唯一确定的.因为零矩阵的所有子式都为 0，所以规定：零矩阵的秩为 0.在确定矩阵的秩时，我们常用到下面的结论.

定理 2.7　$r(\boldsymbol{A})=r$ 的充分必要条件是矩阵 $\boldsymbol{A}$ 有一个 r 阶子式不为 0，而所有的 $r+1$ 阶子式(如果有)全为 0.

定理 2.7 给出了计算矩阵的秩的一种方法，但是在一般情况下，对于阶数较高的矩阵，按定义 2.16 或定理 2.7 来计算其秩是很麻烦的.注意到矩阵的秩只涉及子式是否为 0，不需要求出子式的确切数值，并且初等行变换不会改变矩阵行列式是否为 0 的性质，因此，可以设想通过矩阵的初等行变换来求矩阵的秩.为此，先介绍矩阵的初等行变换的两个重要性质.

定理 2.8　矩阵经过初等行变换后，其秩不变.

定理 2.8 告诉我们，若矩阵 $\boldsymbol{A}$ 经过初等行变换后变为矩阵 $\boldsymbol{B}$，则必有 $r(\boldsymbol{A})=r(\boldsymbol{B})$.

定理 2.9　任何 $m\times n$ 非零矩阵 $\boldsymbol{A}$ 都可以通过初等行变换化为以下形状的 $m\times n$ 矩阵：

$$\begin{bmatrix} \otimes & \times & \times & \cdots & \times & \times & \times & \times \\ 0 & \otimes & \times & \cdots & \times & \times & \times & \times \\ \vdots & \vdots & \vdots & & \vdots & \vdots & \vdots & \vdots \\ 0 & 0 & 0 & \cdots & \otimes & \times & \times & \times \\ 0 & 0 & 0 & \cdots & 0 & 0 & 0 & \otimes \\ 0 & 0 & 0 & \cdots & 0 & 0 & 0 & 0 \end{bmatrix} \tag{2-2}$$

其中符号“$\otimes$”表示各行的首非零元，符号“$\times$”表示 0 或非零元素.

形如式(2-2)的矩阵称为**阶梯形矩阵**.在介绍阶梯形矩阵之前，先引入以下几个概念：矩阵中元素全为 0 的行称为零行；至少有一个非零元素的行称为非零行；非零行中从左到右第一个非零元素称为首非零元.

阶梯形矩阵具有以下两个特点：

(1)零行在阶梯形矩阵的最下方.

(2)各行中首非零元之前的零元素的个数随行的序数增加而增加.

定理 2.10　阶梯形矩阵的秩等于其非零行的行数.

根据定理 2.8～定理 2.10，我们可以得到利用初等行变换计算矩阵的秩的方法：对矩阵 $\boldsymbol{A}$ 施行初等行变换，将其变成阶梯形矩阵 $\boldsymbol{B}$，此时即得 $r(\boldsymbol{A})=r(\boldsymbol{B})$.

例 3　求矩阵

$$\boldsymbol{A}=\begin{bmatrix} 1 & 3 & -1 & -2 \\ 2 & -1 & 2 & 3 \\ 3 & 2 & 1 & 1 \\ 1 & -4 & 3 & 5 \end{bmatrix}$$

的秩.

解 对矩阵 $\boldsymbol{A}$ 施行初等行变换,有

$$\boldsymbol{A}=\begin{bmatrix}1&3&-1&-2\\2&-1&2&3\\3&2&1&1\\1&-4&3&5\end{bmatrix}\to\begin{bmatrix}1&3&-1&-2\\0&-7&4&7\\0&-7&4&7\\0&-7&4&7\end{bmatrix}\to\begin{bmatrix}1&3&-1&-2\\0&-7&4&7\\0&0&0&0\\0&0&0&0\end{bmatrix}$$

因为最后的矩阵已是阶梯形矩阵,且非零行的行数为 2,所以 $r(\boldsymbol{A})=2$.

关于矩阵的秩,还有如下定理:

定理 2.11 设 $\boldsymbol{A}$ 为 $m\times n$ 矩阵,则 $r(\boldsymbol{A})=r(\boldsymbol{A}^{\mathrm{T}})$.

习题 2

一、单项选择题

1. 下列结论中,正确的是( ).

A. 若 $\boldsymbol{A},\boldsymbol{B}$ 均为方阵,则 $(\boldsymbol{AB})^k=\boldsymbol{A}^k\boldsymbol{B}^k$ ($k\geqslant 2$ 为正整数)

B. 若 $\boldsymbol{A},\boldsymbol{B}$ 均为 n 阶对角矩阵,则 $\boldsymbol{AB}=\boldsymbol{BA}$

C. 若 $\boldsymbol{A}$ 为方阵,且 $\boldsymbol{A}^2=\boldsymbol{O}$,则 $\boldsymbol{A}=\boldsymbol{O}$

D. 若矩阵 $\boldsymbol{A},\boldsymbol{B},\boldsymbol{C}$ 满足 $\boldsymbol{AB}=\boldsymbol{AC}$,且 $\boldsymbol{A}\neq\boldsymbol{O}$,则 $\boldsymbol{B}=\boldsymbol{C}$

2. 设 $\boldsymbol{A},\boldsymbol{B}$ 均为方阵,则下列结论中,正确的是( ).

A. $(\boldsymbol{AB})^{\mathrm{T}}=\boldsymbol{A}^{\mathrm{T}}\boldsymbol{B}^{\mathrm{T}}$

B. $\boldsymbol{AA}^{\mathrm{T}}=\boldsymbol{A}^{\mathrm{T}}\boldsymbol{A}$

C. 若 $\boldsymbol{A}^{\mathrm{T}}=\boldsymbol{A}$,则 $(\boldsymbol{A}^2)^{\mathrm{T}}=\boldsymbol{A}^2$

D. 若 $\boldsymbol{A}^{\mathrm{T}}=\boldsymbol{A},\boldsymbol{B}^{\mathrm{T}}=\boldsymbol{B}$,则 $(\boldsymbol{AB})^{\mathrm{T}}=\boldsymbol{AB}$

3. 设有矩阵 $\boldsymbol{A}_{s\times n},\boldsymbol{B}_{n\times m}$,则下列运算中,( )有意义.

A. $\boldsymbol{A}^2$ B. $\boldsymbol{AB}$ C. $\boldsymbol{BA}$ D. $\boldsymbol{AB}^{\mathrm{T}}$

4. 已知矩阵 $\boldsymbol{A}=\begin{bmatrix}1&0&0\\0&2&0\\0&3&0\end{bmatrix}$,则 $r(\boldsymbol{A})=$( ).

A. 0 B. 1 C. 2 D. 3

5. 若 $\boldsymbol{A}=\begin{bmatrix}2&3\\1&1\end{bmatrix}$,则 $\boldsymbol{A}^{-1}=$( ).

A. $\begin{bmatrix}1&3\\1&2\end{bmatrix}$ B. $\begin{bmatrix}-1&3\\1&-2\end{bmatrix}$ C. $\begin{bmatrix}-1&-3\\-1&-2\end{bmatrix}$ D. $\begin{bmatrix}-1&1\\3&-2\end{bmatrix}$

二、填空题

1. 设 $\boldsymbol{A}=[a_{ij}]_{m\times n}$，$\boldsymbol{B}=[b_{ij}]_{s\times t}$，当且仅当________时，有 $\boldsymbol{A}=\boldsymbol{B}$.
2. 设 $\boldsymbol{A}$，$\boldsymbol{B}$ 均为三阶矩阵，且 $|\boldsymbol{A}|=|\boldsymbol{B}|=-3$，则 $|-2\boldsymbol{A}\boldsymbol{B}^{\mathrm{T}}|=$________.
3. 若 $\boldsymbol{A}$ 是对称矩阵，则 $\boldsymbol{A}^{\mathrm{T}}-\boldsymbol{A}=$________.
4. 若矩阵 $\boldsymbol{A}$ 可逆，则 $(\boldsymbol{A}^{\mathrm{T}})^{-1}=$________.
5. 设 $\boldsymbol{A}=\begin{bmatrix}1 & 0 & 0\\ 0 & 2 & 0\\ 0 & 0 & -1\end{bmatrix}$，则 $\boldsymbol{A}^{-1}=$________.

三、计算题

1.设矩阵

$$\boldsymbol{A}=\begin{bmatrix}3 & 1 & 1\\ 2 & 1 & 2\\ 1 & 2 & 3\end{bmatrix},\quad \boldsymbol{B}=\begin{bmatrix}1 & 1 & 1\\ 2 & -1 & 0\\ 1 & 0 & 1\end{bmatrix}$$

计算：

(1) $3\boldsymbol{A}-2\boldsymbol{B}$；

(2) $3\boldsymbol{A}^{\mathrm{T}}+\boldsymbol{B}$；

(3) $\boldsymbol{A}\boldsymbol{B}-\boldsymbol{B}\boldsymbol{A}$.

2. 求 λ 为何值时，矩阵

$$\boldsymbol{A}=\begin{bmatrix}1 & 2 & 4\\ 2 & \lambda & 1\\ 1 & 1 & 0\end{bmatrix}$$

的秩最小.

3. 设

$$\boldsymbol{A}=\begin{bmatrix}2 & -2 & 3 & 5 & -4\\ 2 & 3 & 8 & -4 & 0\\ 3 & -1 & 0 & 2 & -5\\ -2 & 0 & -1 & 5 & 6\end{bmatrix}$$

求 $r(\boldsymbol{A})$.

4. 设

$$\boldsymbol{A}=\begin{bmatrix}1 & 0 & -2\\ -3 & 4 & -1\\ 2 & 1 & 3\end{bmatrix}$$

求 A^{-1}.

5. 解下列矩阵方程：

(1) $\begin{bmatrix} 2 & 3 & -1 \\ 1 & 2 & 0 \\ -1 & 2 & -2 \end{bmatrix} X = \begin{bmatrix} 2 & 1 \\ -1 & 0 \\ 3 & 1 \end{bmatrix}$；

(2) $X \begin{bmatrix} 1 & 2 & -3 \\ 3 & 2 & -4 \\ 2 & -1 & 0 \end{bmatrix} = \begin{bmatrix} 1 & -3 & 0 \\ 10 & 2 & 7 \end{bmatrix}$.

四、证明题

证明以下结论：

(1)若 A,B 为同阶可逆矩阵，则 A^{-1},B^{-1} 可交换的充分必要条件是 A,B 可交换；

(2)设 A,B 均为 n 阶对称矩阵，则 $AB+BA$ 也为 n 阶对称矩阵；

(3)若 $A^2=O$，则 $I-A$ 可逆，并求 $(I-A)^{-1}$；

(4)设 $AB=BA$，$AC=CA$，则 A,B,C 为同阶矩阵.

分析与解题

重点与难点

重点：矩阵的运算、矩阵的初等行变换、矩阵的秩和逆矩阵.

难点：可逆矩阵.

疑难分析

1. 关于矩阵的乘法

设 A 为 $m\times s$ 矩阵，B 为 $t\times n$ 矩阵，当 $s=t$ 时，可以做乘法，且乘积矩阵 $C=AB$ 是 $m\times n$ 矩阵，这里元素 c_{ij} 为由矩阵 A 的第 i 行与矩阵 B 的第 j 列对应元素相乘再相加得到的，即

$$c_{ij}=\sum_{k=1}^{s}a_{ik}b_{kj}$$

其中 a_{ik} 和 b_{kj} 分别是矩阵 A,B 中第 i 行与第 j 列的对应元素.

需要注意的是，矩阵的乘法与数的乘法有以下不同之处：

(1)并非任意两个矩阵都可以相乘，矩阵 A 与 B 可以相乘，即 AB 有意义的充分

必要条件是矩阵 $\boldsymbol{A}$ 的列数等于矩阵 $\boldsymbol{B}$ 的行数.

(2)矩阵的乘法一般不满足交换律.首先,当 $\boldsymbol{AB}$ 有意义时,$\boldsymbol{BA}$ 不一定有意义.例如,若 $\boldsymbol{A}$ 为 3×2 矩阵,$\boldsymbol{B}$ 为 2×5 矩阵,则 $\boldsymbol{AB}$ 有意义,而 $\boldsymbol{BA}$ 没有意义.其次,即使 $\boldsymbol{BA}$ 有意义,它也不一定与 $\boldsymbol{AB}$ 同型.例如,$\boldsymbol{A}$ 为 3×2 矩阵,$\boldsymbol{B}$ 为 2×3 矩阵,则 $\boldsymbol{AB}$ 为 3×3 矩阵,而 $\boldsymbol{BA}$ 为 2×2 矩阵.最后,即使 $\boldsymbol{AB}$ 与 $\boldsymbol{BA}$ 同型,它们也不一定相等.若对于矩阵 $\boldsymbol{A},\boldsymbol{B}$,有 $\boldsymbol{AB}=\boldsymbol{BA}$ 成立,则称矩阵 $\boldsymbol{A},\boldsymbol{B}$ 可交换.

(3)两个非零矩阵的乘积可能是零矩阵.例如,

$$\boldsymbol{A}=\begin{bmatrix}1 & -1\\0 & 0\end{bmatrix},\quad \boldsymbol{B}=\begin{bmatrix}1 & 0\\1 & 0\end{bmatrix}$$

则

$$\boldsymbol{AB}=\begin{bmatrix}1 & -1\\0 & 0\end{bmatrix}\begin{bmatrix}1 & 0\\1 & 0\end{bmatrix}=\begin{bmatrix}0 & 0\\0 & 0\end{bmatrix}$$

(4)矩阵的乘法一般不满足消去律,即当 $\boldsymbol{AB}=\boldsymbol{AC}$,且 $\boldsymbol{A}\neq\boldsymbol{O}$ 时,也可能会有 $\boldsymbol{B}\neq\boldsymbol{C}$.只有当 $\boldsymbol{A}$ 是可逆矩阵时,矩阵乘法的消去律才成立.

2. 关于矩阵的行列式

矩阵的行列式是一个数值,需要特别注意以下几点:

(1)矩阵的行列式是对方阵而言的.

(2)计算矩阵的行列式时,首先要将这个矩阵的括弧改为两条竖线,使其成为一个行列式,然后按行列式的计算方法计算即可.

(3)要特别关注数乘矩阵的行列式,这是因为数乘矩阵的行列式与行列式的性质 3 很容易混淆.若 $\boldsymbol{A}$ 是 n 阶矩阵,$k\neq0$ 为实数,则 $|k\boldsymbol{A}|\neq k|\boldsymbol{A}|$,而是 $|k\boldsymbol{A}|=k^n|\boldsymbol{A}|$.

(4)n 阶矩阵 $\boldsymbol{A}$ 的行列式 $|\boldsymbol{A}|$ 决定了矩阵 $\boldsymbol{A}$ 的一些性质.例如,若 $|\boldsymbol{A}|\neq0$,则矩阵 $\boldsymbol{A}$ 可逆.

3. 关于可逆矩阵与逆矩阵

(1)可逆矩阵与逆矩阵是两个不同的概念.对于 n 阶矩阵 $\boldsymbol{A}$,若存在同阶矩阵 $\boldsymbol{B}$,使得 $\boldsymbol{AB}=\boldsymbol{BA}=\boldsymbol{I}$,则称 $\boldsymbol{A}$ 为可逆矩阵,且称矩阵 $\boldsymbol{B}$ 为矩阵 $\boldsymbol{A}$ 的逆矩阵.可见,可逆矩阵是对矩阵 $\boldsymbol{A}$ 而言的,而矩阵 $\boldsymbol{A}$ 的逆矩阵是矩阵 $\boldsymbol{B}$.当然,由 $\boldsymbol{AB}=\boldsymbol{BA}=\boldsymbol{I}$ 可知,矩阵 $\boldsymbol{B}$ 也是可逆矩阵,其逆矩阵为矩阵 $\boldsymbol{A}$.

(2)可逆矩阵的判定.

① 利用定义 $\boldsymbol{AB}=\boldsymbol{BA}=\boldsymbol{I}$.

② 矩阵 $\boldsymbol{A}$ 可逆 $\Leftrightarrow|\boldsymbol{A}|\neq0$.

③ n 阶矩阵 $\boldsymbol{A}$ 可逆$\Leftrightarrow r(\boldsymbol{A})=n$，即矩阵的秩=矩阵的阶数.

(3)逆矩阵的求法.

① 伴随矩阵法.若矩阵 $\boldsymbol{A}$ 的行列式不等于 0，即 $|\boldsymbol{A}|\neq 0$，则矩阵 $\boldsymbol{A}$ 可逆，且

$$\boldsymbol{A}^{-1}=\frac{1}{|\boldsymbol{A}|}\boldsymbol{A}^{*}$$

其中 $\boldsymbol{A}^{*}$ 是 $\boldsymbol{A}$ 的伴随矩阵.

此方法基于 $\boldsymbol{A}^{*}$ 的元素结构，对于阶数较高的矩阵，计算量会较大，故该方法一般适合用于二阶、三阶矩阵的求逆矩阵运算.使用时，要注意伴随矩阵 $\boldsymbol{A}^{*}$ 的元素构成及其排列方式.

② 初等行变换法.在矩阵 $\boldsymbol{A}$ 的右边加上一个同阶的单位矩阵，使之成为 $n\times 2n$ 矩阵，对其进行一系列的初等行变换.在具体计算中所选择的变换是使左边的矩阵 $\boldsymbol{A}$ 化为单位矩阵，随之右边的单位矩阵化为的矩阵就是矩阵 $\boldsymbol{A}$ 的逆矩阵，即

$$[\boldsymbol{A}\ \vdots\ \boldsymbol{I}]\xrightarrow{\text{初等行变换}}[\boldsymbol{I}\ \vdots\ \boldsymbol{A}^{-1}]$$

初等行变换法适合用于各阶矩阵的求逆矩阵运算，在计算中，要明确每一步变换的目的，并且在用初等行变换法求逆矩阵时，不必先证明矩阵是否可逆.若经过初等行变换后，矩阵 $\boldsymbol{A}$ 变成了单位矩阵 $\boldsymbol{I}$，则矩阵 $\boldsymbol{A}$ 可逆；否则，矩阵 $\boldsymbol{A}$ 不可逆.

4. 关于矩阵的秩

矩阵的秩是本章的重要概念之一.判断矩阵是否可逆、第 3 章中方程组解的情况等都要用到矩阵的秩.

求矩阵的秩最简单的方法就是初等行变换法，即对矩阵做初等行变换，将其化为阶梯形矩阵，阶梯形矩阵中非零行的行数为矩阵的秩.

由前面所述，可逆矩阵可以经过一系列初等行变换化为单位矩阵(阶梯形矩阵)，于是可逆矩阵是满秩矩阵.

5. 关于矩阵的初等行变换

矩阵的初等行变换是指对矩阵进行下列三种变换：

(1)对换变换.

(2)倍乘变换.

(3)倍加变换.

矩阵的初等行变换是线性代数的一个基本方法，它在求逆矩阵、计算矩阵的秩、求解线性方程组等计算中起重要的作用.在求解题目中，我们会多次应用上述三种变换.对于如何应用这些变换，应视具体的题目而定.

在对矩阵进行初等行变换时，我们经常要用到倍加变换.为了避免运算过程中出

现分数,应尽量使乘以倍数那一行的第一个非零元素为 1 或 -1.例如,将矩阵

$$\boldsymbol{A}=\begin{bmatrix}3 & 1 & -1\\2 & 0 & -1\\5 & -2 & -3\end{bmatrix}$$

化为阶梯形矩阵时,如果直接操作,欲将元素 $a_{21}=2$ 化为 0,则要将第 1 行乘以 $-\frac{2}{3}$ 加到第 2 行上;欲将元素 $a_{31}=5$ 化为 0,则要将第 1 行乘以 $-\frac{5}{3}$ 加到第 3 行上.这样,可将第 1 列中的元素 a_{21},a_{31} 化为 0,但是其他元素的分数计算将会使运算变得烦琐,并且很容易出错.因此,选择如下做法更为合适:

$$\boldsymbol{A}=\begin{bmatrix}3 & 1 & -1\\2 & 0 & -1\\5 & -2 & -3\end{bmatrix}\to\begin{bmatrix}-1 & 1 & 1\\2 & 0 & -1\\5 & -2 & -3\end{bmatrix}$$

$$\to\begin{bmatrix}-1 & 1 & 1\\0 & 2 & 1\\0 & 3 & 2\end{bmatrix}$$(用同样的方法,将第 2 行第一个非零元素变为 1 或 -1)

$$\to\begin{bmatrix}-1 & 1 & 1\\0 & -1 & -1\\0 & 3 & 2\end{bmatrix}\to\begin{bmatrix}-1 & 1 & 1\\0 & -1 & -1\\0 & 0 & -1\end{bmatrix}$$

同理,将矩阵

$$\begin{bmatrix}2 & -1 & 5 & 3\\1 & 7 & 1 & -2\\3 & 2 & 1 & 0\end{bmatrix}$$

化为阶梯形时,可以先将第 2 行与第 1 行互换,即

$$\begin{bmatrix}2 & -1 & 5 & 3\\1 & 7 & 1 & -2\\3 & 2 & 1 & 0\end{bmatrix}\to\begin{bmatrix}1 & 7 & 1 & -2\\2 & -1 & 5 & 3\\3 & 2 & 1 & 0\end{bmatrix}$$

再进行倍加变换.

跟我学解题

例 1　设矩阵

$$\boldsymbol{A}=\begin{bmatrix}1 & 0 & 2\\-1 & 0 & 4\\3 & 1 & -1\end{bmatrix},\quad \boldsymbol{B}=\begin{bmatrix}0 & 1\\-1 & -2\\0 & 3\end{bmatrix}$$

求$(\boldsymbol{A}^{\mathrm{T}}-2\boldsymbol{I})\boldsymbol{B}$.

【分析】本例涉及矩阵的数乘、减法、转置和乘法.矩阵的减法是同型矩阵的对应元素相减,矩阵的乘法是有条件的,即当左边矩阵的列数等于右边矩阵的行数时,两个矩阵可以相乘,且乘积矩阵的元素是按行乘列法则得到的.

解 由已知,有

$$\boldsymbol{A}^{\mathrm{T}}-2\boldsymbol{I}=\begin{bmatrix}1&-1&3\\0&0&1\\2&4&-1\end{bmatrix}-\begin{bmatrix}2&0&0\\0&2&0\\0&0&2\end{bmatrix}=\begin{bmatrix}-1&-1&3\\0&-2&1\\2&4&-3\end{bmatrix}$$

所以

$$\begin{aligned}&(\boldsymbol{A}^{\mathrm{T}}-2\boldsymbol{I})\boldsymbol{B}\\=&\begin{bmatrix}-1&-1&3\\0&-2&1\\2&4&-3\end{bmatrix}\begin{bmatrix}0&1\\-1&-2\\0&3\end{bmatrix}\\=&\begin{bmatrix}(-1)\times0+(-1)\times(-1)+3\times0&(-1)\times1+(-1)\times(-2)+3\times3\\0\times0+(-2)\times(-1)+1\times0&0\times1+(-2)\times(-2)+1\times3\\2\times0+4\times(-1)+(-3)\times0&2\times1+4\times(-2)+(-3)\times3\end{bmatrix}\\=&\begin{bmatrix}1&10\\2&7\\-4&-15\end{bmatrix}\end{aligned}$$

【对照练习 1】已知

$$\begin{bmatrix}a&b&c&d\\1&4&9&2\end{bmatrix}\begin{bmatrix}1&0&2&0\\0&0&1&1\\0&1&0&0\\0&0&1&0\end{bmatrix}=\begin{bmatrix}1&0&6&6\\1&9&8&4\end{bmatrix}$$

求a,b,c,d.

解 由于

$$\begin{bmatrix}a&b&c&d\\1&4&9&2\end{bmatrix}\begin{bmatrix}1&0&2&0\\0&0&1&1\\0&1&0&0\\0&0&1&0\end{bmatrix}=\begin{bmatrix}a&c&(\quad)&(\quad)\\1&9&8&4\end{bmatrix}$$

所以

$$a=(\quad),\quad b=(\quad),\quad c=(\quad),\quad d=(\quad)$$

【自我练习 1】设

$$A=\begin{bmatrix}2 & 3 & -1\\1 & 2 & 0\\1 & -3 & 1\end{bmatrix},\quad B=\begin{bmatrix}1 & 1 & 0\\-1 & 2 & 1\end{bmatrix}$$

求 BA^T.

例 2 设矩阵

$$A=\begin{bmatrix}2 & 3 & -1\\0 & 1 & 1\\1 & -1 & 1\end{bmatrix},\quad B=\begin{bmatrix}1 & 1 & 3\\1 & 1 & 2\\0 & 2 & 2\end{bmatrix}$$

计算 $|(-2)AB^T|$.

【分析】 利用定理 2.1 中的 $|AB|=|A||B|$ 和行列式的性质 $|kA|=k^n|A|$，$|B^T|=|B|$.

解 因为

$$|(-2)AB^T|=(-2)^3|A||B^T|=-8|A||B|$$

且

$$|A|=\begin{vmatrix}2 & 3 & -1\\0 & 1 & 1\\1 & -1 & 1\end{vmatrix}=\begin{vmatrix}0 & 5 & -3\\0 & 1 & 1\\1 & -1 & 1\end{vmatrix}=\begin{vmatrix}5 & -3\\1 & 1\end{vmatrix}=8$$

$$|B|=\begin{vmatrix}1 & 1 & 3\\1 & 1 & 2\\0 & 2 & 2\end{vmatrix}=\begin{vmatrix}0 & 0 & 1\\1 & 1 & 2\\0 & 2 & 2\end{vmatrix}=-\begin{vmatrix}0 & 1\\2 & 2\end{vmatrix}=2$$

所以

$$|(-2)AB^T|=(-8)\times 8\times 2=-128$$

【对照练习 2】 设 A，B 均为三阶矩阵，且 $|A|=2$，$|B|=3$，求 $|(-3)A^2B^{-1}|$.

解 因为

$$|(-3)A^2B^{-1}|=(-3)^3|A|^{(\quad)}|B^{-1}|$$

且

$$|B^{-1}|=(\qquad)$$

所以

$$|(-3)A^2B^{-1}|=(\qquad)$$

【自我练习 2】 设 A，B 为 n 阶矩阵，$k\neq 0$ 为实数，则下列结论中，正确的是(　　).

A. $|A+B|=|A|+|B|$　　　B. $|AB|=|BA|$

C. $|kA|=k|A|$　　　D. $|(kA)^{-1}|=k^n|A|^{-1}$

例 3 设矩阵

$$A=\begin{bmatrix}1&1&0\\2&1&-1\\3&4&2\end{bmatrix}$$

求 A^{-1}.

【分析】 求逆矩阵时一般可用伴随矩阵法和初等行变换法.由于可逆矩阵的逆矩阵是唯一的,因而用这两种方法求得的逆矩阵是相同的.

解 方法 1 用伴随矩阵法.因为

$$|A|=\begin{vmatrix}1&1&0\\2&1&-1\\3&4&2\end{vmatrix}=\begin{vmatrix}1&1&0\\0&-1&-1\\0&1&2\end{vmatrix}=-1\neq 0$$

所以矩阵 A 可逆.由于

$A_{11}=(-1)^{1+1}\begin{vmatrix}1&-1\\4&2\end{vmatrix}=6$, $A_{12}=(-1)^{1+2}\begin{vmatrix}2&-1\\3&2\end{vmatrix}=-7$, $A_{13}=(-1)^{1+3}\begin{vmatrix}2&1\\3&4\end{vmatrix}=5$

$A_{21}=(-1)^{2+1}\begin{vmatrix}1&0\\4&2\end{vmatrix}=-2$, $A_{22}=(-1)^{2+2}\begin{vmatrix}1&0\\3&2\end{vmatrix}=2$, $A_{23}=(-1)^{2+3}\begin{vmatrix}1&1\\3&4\end{vmatrix}=-1$

$A_{31}=(-1)^{3+1}\begin{vmatrix}1&0\\1&-1\end{vmatrix}=-1$, $A_{32}=(-1)^{3+2}\begin{vmatrix}1&0\\2&-1\end{vmatrix}=1$, $A_{33}=(-1)^{3+3}\begin{vmatrix}1&1\\2&1\end{vmatrix}=-1$

可得伴随矩阵为

$$A^*=\begin{bmatrix}A_{11}&A_{21}&A_{31}\\A_{12}&A_{22}&A_{32}\\A_{13}&A_{23}&A_{33}\end{bmatrix}=\begin{bmatrix}6&-2&-1\\-7&2&1\\5&-1&-1\end{bmatrix}$$

则

$$A^{-1}=\frac{1}{|A|}A^*=\frac{1}{-1}\begin{bmatrix}6&-2&-1\\-7&2&1\\5&-1&-1\end{bmatrix}=\begin{bmatrix}-6&2&1\\7&-2&-1\\-5&1&1\end{bmatrix}$$

方法 2 用初等行变换法.因为

$$[A \vdots I]=\left[\begin{array}{ccc:ccc}1&1&0&1&0&0\\2&1&-1&0&1&0\\3&4&2&0&0&1\end{array}\right]\to\left[\begin{array}{ccc:ccc}1&1&0&1&0&0\\0&-1&-1&-2&1&0\\0&1&2&-3&0&1\end{array}\right]$$

$$\to\left[\begin{array}{ccc:ccc}1&1&0&1&0&0\\0&1&1&2&-1&0\\0&0&1&-5&1&1\end{array}\right]\to\left[\begin{array}{ccc:ccc}1&1&0&1&0&0\\0&1&0&7&-2&-1\\0&0&1&-5&1&1\end{array}\right]$$

$$\rightarrow \left[\begin{array}{ccc:ccc} 1 & 0 & 0 & -6 & 2 & 1 \\ 0 & 1 & 0 & 7 & -2 & -1 \\ 0 & 0 & 1 & -5 & 1 & 1 \end{array}\right]$$

所以

$$\boldsymbol{A}^{-1} = \begin{bmatrix} -6 & 2 & 1 \\ 7 & -2 & -1 \\ -5 & 1 & 1 \end{bmatrix}$$

⚠注意：可逆矩阵的逆矩阵是唯一的.若用两种方法得到的结果不同，则必有一个结果是错误的或两个结果都是错误的.

【对照练习 3】 解矩阵方程 $\boldsymbol{XA}=\boldsymbol{B}$，其中

$$\boldsymbol{A} = \begin{bmatrix} 1 & 2 \\ 2 & 3 \end{bmatrix}, \quad \boldsymbol{B} = \begin{bmatrix} 3 & 5 \\ 1 & 3 \end{bmatrix}$$

解 若矩阵 $\boldsymbol{A}$ 可逆，则 $\boldsymbol{X}=(\quad)$.

方法 1 用伴随矩阵法求 $\boldsymbol{A}^{-1}$.由于

$$|\boldsymbol{A}| = \begin{vmatrix} 1 & 2 \\ 2 & 3 \end{vmatrix} = 3-4=-1(\quad)$$

所以矩阵 $\boldsymbol{A}$ 可逆.又由于

$$\boldsymbol{A}^{*} = \begin{bmatrix} 3 & -2 \\ -2 & 1 \end{bmatrix}$$

所以

$$\boldsymbol{A}^{-1} = \frac{1}{|\boldsymbol{A}|}\boldsymbol{A}^{*} = (\quad)$$

故

$$\boldsymbol{X} = (\quad)$$

方法 2 用初等行变换法求 $\boldsymbol{A}^{-1}$.因为

$$[\boldsymbol{A} \vdots \boldsymbol{I}] = \left[\begin{array}{cc:cc} 1 & 2 & 1 & 0 \\ 2 & 3 & 0 & 1 \end{array}\right]$$

$$\xrightarrow{②+①(-2)} \left[\begin{array}{cc:cc} 1 & 2 & 1 & 0 \\ 0 & (\quad) & (\quad) & 1 \end{array}\right]$$

$$\xrightarrow{②(-1)} \left[\begin{array}{cc:cc} 1 & 2 & 1 & 0 \\ 0 & 1 & 2 & -1 \end{array}\right]$$

$$\xrightarrow{①+②(-2)} \left[\begin{array}{cc:cc} 1 & 0 & (\quad) & (\quad) \\ 0 & 1 & 2 & -1 \end{array}\right]$$

$$=[\boldsymbol{I} \vdots \boldsymbol{A}^{-1}]$$

所以

$$\boldsymbol{A}^{-1}=\begin{bmatrix} -3 & 2 \\ 2 & -1 \end{bmatrix}$$

于是

$$\boldsymbol{X}=\boldsymbol{B}\boldsymbol{A}^{-1}=(\qquad)$$

⚠注意:对于二阶矩阵的求逆矩阵运算,用伴随矩阵法经常比用初等行变换法更容易.设二阶矩阵

$$\boldsymbol{A}=\begin{bmatrix} a & b \\ c & d \end{bmatrix}$$

则可以计算得

$$A_{11}=d,\quad A_{12}=-c,\quad A_{21}=-b,\quad A_{22}=a$$

所以

$$\boldsymbol{A}^{*}=\begin{bmatrix} d & -b \\ -c & a \end{bmatrix}$$

于是

$$\boldsymbol{A}^{-1}=\frac{1}{ad-cb}\begin{bmatrix} d & -b \\ -c & a \end{bmatrix},\quad ad-cb\neq 0$$

【自我练习 3】已知矩阵

$$\boldsymbol{A}=\begin{bmatrix} 1 & 0 & -1 \\ 0 & 1 & 2 \end{bmatrix},\quad \boldsymbol{B}=\begin{bmatrix} 0 & 0 & 1 \\ 1 & -1 & 2 \end{bmatrix}$$

求$(\boldsymbol{B}\boldsymbol{A}^{\mathrm{T}})^{-1}$.

例 4 已知矩阵

$$\boldsymbol{A}=\begin{bmatrix} 1 & 1 & 2 & a & 3 \\ 2 & 2 & 3 & 1 & 4 \\ 1 & 0 & 1 & 1 & 5 \\ 2 & 3 & 5 & 5 & 4 \end{bmatrix}$$

的秩是 3,求 a 的值.

【分析】由已知结论,矩阵的秩为将矩阵化为阶梯形矩阵后非零行的行数,因此,

可以利用矩阵的初等行变换将其化为阶梯形矩阵后确定其秩.在本例中,矩阵 $\boldsymbol{A}$ 的秩与 a 有关,故对矩阵做初等行变换,使阶梯形矩阵的非零行的行数为 3,从而确定 a 的值.

解　对矩阵做初等行变换,将其化为阶梯形矩阵,即

$$\boldsymbol{A}=\begin{bmatrix}1&1&2&a&3\\2&2&3&1&4\\1&0&1&1&5\\2&3&5&5&4\end{bmatrix}\rightarrow\begin{bmatrix}1&1&2&a&3\\0&0&-1&1-2a&-2\\0&-1&-1&1-a&2\\0&1&1&5-2a&-2\end{bmatrix}$$

$$\rightarrow\begin{bmatrix}1&1&2&a&3\\0&0&-1&1-2a&-2\\0&-1&-1&1-a&2\\0&0&0&6-3a&0\end{bmatrix}\rightarrow\begin{bmatrix}1&1&2&a&3\\0&-1&-1&1-a&2\\0&0&-1&1-2a&-2\\0&0&0&6-3a&0\end{bmatrix}$$

因为 $r(\boldsymbol{A})=3$,所以 $6-3a=0$,即 $a=2$.

【对照练习 4】 确定可使矩阵 $\begin{bmatrix}1&k&-1&2\\2&-1&3&5\\1&10&-6&1\end{bmatrix}$ 的秩最小的数 k.

解　因为该矩阵存在二阶子式

$$\begin{vmatrix}-1&2\\3&5\end{vmatrix}=-11\neq(\quad)$$

所以 $r(\boldsymbol{A})\geqslant(\quad)$.

对矩阵做初等行变换,将其化为阶梯形矩阵,即

$$\begin{bmatrix}1&k&-1&2\\2&-1&3&5\\1&10&-6&1\end{bmatrix}\xrightarrow[③+①(-1)]{②+①(-2)}\begin{bmatrix}1&k&-1&2\\0&-1-2k&5&1\\0&10-k&-5&-1\end{bmatrix}$$

$$\xrightarrow{③+②}\begin{pmatrix}\quad\quad\quad\quad\end{pmatrix}$$

若使第 3 行为零行,即 $9-3k=(\quad)$,则 $r(\boldsymbol{A})=2$,所以当 $k=(\quad)$时,矩阵的秩最小.

【自我练习 4】 求

$$\boldsymbol{A}=\begin{bmatrix}2&-5&3&2&1\\5&-8&5&4&3\\1&-7&4&2&0\\4&-1&1&2&3\end{bmatrix}$$

的秩.

例 5 证明:若 $\boldsymbol{A}$,$\boldsymbol{B}$ 是同阶矩阵,且 $\boldsymbol{A}$ 为对称矩阵,$\boldsymbol{B}^{-1}=\boldsymbol{B}^{\mathrm{T}}$,则 $\boldsymbol{B}^{-1}\boldsymbol{A}\boldsymbol{B}$ 是对称矩阵.

【分析】 利用已知条件,证明 $(\boldsymbol{B}^{-1}\boldsymbol{A}\boldsymbol{B})^{\mathrm{T}}=\boldsymbol{B}^{-1}\boldsymbol{A}\boldsymbol{B}$.

证明 因为 $\boldsymbol{A}$ 是对称矩阵,即 $\boldsymbol{A}^{\mathrm{T}}=\boldsymbol{A}$,且 $\boldsymbol{B}^{-1}=\boldsymbol{B}^{\mathrm{T}}$,所以

$$(\boldsymbol{B}^{-1}\boldsymbol{A}\boldsymbol{B})^{\mathrm{T}}=\boldsymbol{B}^{\mathrm{T}}\boldsymbol{A}^{\mathrm{T}}(\boldsymbol{B}^{-1})^{\mathrm{T}}=\boldsymbol{B}^{-1}\boldsymbol{A}\boldsymbol{B}$$

由定义可知,$\boldsymbol{B}^{-1}\boldsymbol{A}\boldsymbol{B}$ 是对称矩阵.

【对照练习 5】 证明:若 $\boldsymbol{A}$ 为 n 阶矩阵,且 $\boldsymbol{A}\boldsymbol{A}^{\mathrm{T}}=\boldsymbol{I}$,$|\boldsymbol{A}|=-1$,则 $|\boldsymbol{I}+\boldsymbol{A}|=0$.

证明 因为

$$\begin{aligned}|\boldsymbol{I}+\boldsymbol{A}|&=|\boldsymbol{A}\boldsymbol{A}^{\mathrm{T}}+\boldsymbol{A}|=|\boldsymbol{A}(\qquad)|=|\boldsymbol{A}|\,|(\boldsymbol{A}+\boldsymbol{I})^{\mathrm{T}}|\\&=-1\cdot|\boldsymbol{A}+\boldsymbol{I}|\end{aligned}$$

所以 $|\boldsymbol{I}+\boldsymbol{A}|=0$.

⚠注意:这里用到了已知条件 $\boldsymbol{A}\boldsymbol{A}^{\mathrm{T}}=\boldsymbol{I}$,$|\boldsymbol{A}|=-1$ 和行列式与其转置行列式相等的结论.

【自我练习 5】 设 $\boldsymbol{A}$,$\boldsymbol{B}$ 都是对称矩阵,则 $\boldsymbol{A}\boldsymbol{B}$ 为对称矩阵的充分必要条件是 $\boldsymbol{A}\boldsymbol{B}=\boldsymbol{B}\boldsymbol{A}$.

练习解答

对照练习

1. $2a+b+d$,b,1,6,0,-2.

2. 2,$\dfrac{1}{|\boldsymbol{B}|}\left(或\dfrac{1}{3}\right)$,$-36$.

3. $\boldsymbol{B}\boldsymbol{A}^{-1}$.

方法 1 $\neq 0$,$\begin{bmatrix}-3 & 2\\ 2 & -1\end{bmatrix}$,$\begin{bmatrix}1 & 1\\ 3 & -1\end{bmatrix}$.

方法 2 -1,-2,-3,2,$\begin{bmatrix}1 & 1\\ 3 & -1\end{bmatrix}$.

4. 0,2,$\begin{bmatrix}1 & k & -1 & 2\\ 0 & -1-2k & 5 & 1\\ 0 & 9-3k & 0 & 0\end{bmatrix}$,0,3.

5. $\boldsymbol{A}^{\mathrm{T}}+\boldsymbol{I}$.

自我练习

1. $\begin{bmatrix} 5 & 3 & -2 \\ 3 & 3 & -6 \end{bmatrix}$.

2. B.

3. $\begin{bmatrix} -3 & 2 \\ -1 & 1 \end{bmatrix}$.

4. $r(\mathbf{A})=2$.

5. 提示:利用对称矩阵转置的性质.

引子

一个公司生产部门的直接成本与服务部门的间接成本应该是多少呢?

在市场上销售的产品称为最终产品,最终产品的价格包含直接成本和间接成本.假设一个公司主要有两类部门,即生产部门和服务部门,生产部门生产的产品可以在市场上销售,而服务部门为生产部门提供服务,同时,服务部门也为自身提供服务,如会计部门经常为生产部门以及其他服务部门提供服务.为了正确估计生产部门的管理成本,我们必须计算出服务部门提供的服务成本.服务部门的总成本由直接成本和间接成本组成.

例如,在一个有 2 个生产部门 P_1,P_2 以及 3 个服务部门 S_1,S_2,S_3 的公司中,这些部门的总成本是未知的,用 x_1,x_2,x_3,x_4,x_5 表示.它们的直接成本列在表 3－1 中的第 3 列,第 4～6 列表示服务部门的间接成本.

表 3－1　某公司 5 个部门的直接成本与服务部门的间接成本　　单位:千元

部门	总成本	直接成本 **Y**	服务部门的间接成本		
			S_1	S_2	S_3
S_1	x_1	600	$0.25x_1$	$0.15x_2$	$0.15x_3$
S_2	x_2	1 100	$0.35x_1$	$0.20x_2$	$0.25x_3$
S_3	x_3	600	$0.10x_1$	$0.10x_2$	$0.35x_3$
P_1	x_4	2 100	$0.15x_1$	$0.25x_2$	$0.15x_3$
P_2	x_5	1 500	$0.15x_1$	$0.30x_2$	$0.10x_3$
总计		5 900	x_1	x_2	x_3

因为一个部门的总成本是直接成本与间接成本之和,所以表 3－1 中前 3 行提供了 3 个服务部门的总成本,即

$$\begin{cases} x_1 = 600 + 0.25x_1 + 0.15x_2 + 0.15x_3 \\ x_2 = 1\,100 + 0.35x_1 + 0.20x_2 + 0.25x_3 \\ x_3 = 600 + 0.10x_1 + 0.10x_2 + 0.35x_3 \end{cases}$$

那么,如何求出各部门的总成本呢?这就是本章要讲的内容——线性方程组.

第 3 章 线性方程组

在许多实际问题中，我们经常要解未知量个数超过 3 或方程个数与未知量个数不相等的线性方程组，如

$$\begin{cases} -x_1+2x_2-2x_3+4x_4=6 \\ 2x_1-x_2+3x_3+2x_4=4 \\ 3x_1+2x_2-x_3-2x_4=7 \end{cases}$$

如何求解这种方程组？如果方程组有解，那么它有唯一解，还是有无穷多解？这些都是本章要讨论的问题.

3.1 *n* 元线性方程组

一般地，称由 n 个未知量、m 个线性方程组成的方程组

$$\begin{cases} a_{11}x_1+a_{12}x_2+\cdots+a_{1n}x_n=b_1 \\ a_{21}x_1+a_{22}x_2+\cdots+a_{2n}x_n=b_2 \\ \cdots\cdots \\ a_{m1}x_1+a_{m2}x_2+\cdots+a_{mn}x_n=b_m \end{cases} \tag{3-1}$$

为 **n 元线性方程组**，其中，x_j 是**未知量**（也称为**未知数**），a_{ij} $(i=1,2,\cdots,m;j=1,2,\cdots,n)$ 是第 i 个方程中第 j 个未知量 x_j 的**系数**，b_i 是第 i 个方程的**常数项**.

当方程组(3-1)中的常数项 $b_1,b_2,\cdots,b_m$ 不全为 0 时，称方程组(3-1)为**非齐次线性方程组**；当 $b_1,b_2,\cdots,b_m$ 全为 0 时，即

$$\begin{cases} a_{11}x_1+a_{12}x_2+\cdots+a_{1n}x_n=0 \\ a_{21}x_1+a_{22}x_2+\cdots+a_{2n}x_n=0 \\ \cdots\cdots \\ a_{m1}x_1+a_{m2}x_2+\cdots+a_{mn}x_n=0 \end{cases} \tag{3-2}$$

称方程组(3-2)为**齐次线性方程组**.

由 n 个数 $c_1,c_2,\cdots,c_n$ 组成一个有序数组

$$(c_1, c_2, \cdots, c_n)$$

若用它们依次代替方程组(3-1)中的 $x_1, x_2, \cdots, x_n$，即 $x_1 = c_1, x_2 = c_2, \cdots, x_n = c_n$，方程组中的各个方程都变成恒等式，则称这个有序数组 $(c_1, c_2, \cdots, c_n)$ 为方程组(3-1)的一个**解**.显然，由 $x_1 = 0, x_2 = 0, \cdots, x_n = 0$ 组成的有序数组 $(0, 0, \cdots, 0)$ 是齐次线性方程组(3-2)的一个解，称这个解为齐次线性方程组(3-2)的**零解**(有时也称为**平凡解**)，而称齐次线性方程组的未知量取值不全为 0 的解 $(x_1, x_2, \cdots, x_n)$ 为**非零解**.

线性方程组还可以用矩阵形式表示，如方程组(3-1)可表示成

$$\begin{bmatrix} a_{11} & a_{12} & \cdots & a_{1n} \\ a_{21} & a_{22} & \cdots & a_{2n} \\ \vdots & \vdots & & \vdots \\ a_{m1} & a_{m2} & \cdots & a_{mn} \end{bmatrix} \begin{bmatrix} x_1 \\ x_2 \\ \vdots \\ x_n \end{bmatrix} = \begin{bmatrix} b_1 \\ b_2 \\ \vdots \\ b_m \end{bmatrix}$$

其中称矩阵

$$\begin{bmatrix} a_{11} & a_{12} & \cdots & a_{1n} \\ a_{21} & a_{22} & \cdots & a_{2n} \\ \vdots & \vdots & & \vdots \\ a_{m1} & a_{m2} & \cdots & a_{mn} \end{bmatrix}$$

为方程组(3-1)的**系数矩阵**，记为 $\boldsymbol{A}$，分别称列矩阵

$$\begin{bmatrix} x_1 \\ x_2 \\ \vdots \\ x_n \end{bmatrix} \quad 和 \quad \begin{bmatrix} b_1 \\ b_2 \\ \vdots \\ b_m \end{bmatrix}$$

为方程组(3-1)的**未知量矩阵**和**常数矩阵**，分别记为 $\boldsymbol{X}$ 和 $\boldsymbol{b}$.于是线性方程组(3-1)可简记为矩阵形式

$$\boldsymbol{AX} = \boldsymbol{b} \tag{3-3}$$

这样，解线性方程组(3-1)等价于从方程(3-3)中解出未知量矩阵 $\boldsymbol{X}$.

另外，称由系数和常数项组成的矩阵

$$\begin{bmatrix} a_{11} & a_{12} & \cdots & a_{1n} & b_1 \\ a_{21} & a_{22} & \cdots & a_{2n} & b_2 \\ \vdots & \vdots & & \vdots & \vdots \\ a_{m1} & a_{m2} & \cdots & a_{mn} & b_m \end{bmatrix}$$

为方程组(3-1)的**增广矩阵**，记为 $\overline{\boldsymbol{A}}$ 或 $[\boldsymbol{A} \vdots \boldsymbol{b}]$.由于线性方程组是由它的系数和常数

项确定的,因此用增广矩阵可以完全清楚地表示一个线性方程组.

例 1　写出线性方程组

$$\begin{cases}2x_1-2x_2+x_3=1\\-3x_1+2x_2-x_3=2\\x_1+x_3=0\\4x_1-x_2+2x_3=4\end{cases}$$

的增广矩阵和矩阵形式.

解　增广矩阵是

$$\overline{\boldsymbol{A}}=\begin{bmatrix}2&-2&1&1\\-3&2&-1&2\\1&0&1&0\\4&-1&2&4\end{bmatrix}$$

矩阵形式是

$$\begin{bmatrix}2&-2&1\\-3&2&-1\\1&0&1\\4&-1&2\end{bmatrix}\begin{bmatrix}x_1\\x_2\\x_3\end{bmatrix}=\begin{bmatrix}1\\2\\0\\4\end{bmatrix}$$

下面讨论一种特殊的线性方程组的解,它是未知量个数与方程个数相等且系数矩阵 $\boldsymbol{A}$ 可逆的线性方程组.

例 2　若 n 元线性方程组

$$\begin{cases}a_{11}x_1+a_{12}x_2+\cdots+a_{1n}x_n=b_1\\a_{21}x_1+a_{22}x_2+\cdots+a_{2n}x_n=b_2\\\qquad\cdots\cdots\\a_{n1}x_1+a_{n2}x_2+\cdots+a_{nn}x_n=b_n\end{cases}$$

的系数矩阵 $\boldsymbol{A}$ 是可逆矩阵,则此方程组有唯一解,且 $\boldsymbol{X}=\boldsymbol{A}^{-1}\boldsymbol{b}$.

证明　因为系数矩阵 $\boldsymbol{A}$ 是可逆矩阵,所以存在逆矩阵 $\boldsymbol{A}^{-1}$.用 $\boldsymbol{A}^{-1}$ 从左边乘以矩阵方程 $\boldsymbol{AX}=\boldsymbol{b}$ 的两边,可得

$$\boldsymbol{A}^{-1}(\boldsymbol{AX})=\boldsymbol{A}^{-1}\boldsymbol{b},\text{即}(\boldsymbol{A}^{-1}\boldsymbol{A})\boldsymbol{X}=\boldsymbol{A}^{-1}\boldsymbol{b}$$

于是得到矩阵方程的解为

$$\boldsymbol{X}=\boldsymbol{A}^{-1}\boldsymbol{b}$$

由逆矩阵的唯一性可知,矩阵方程 $\boldsymbol{AX}=\boldsymbol{b}$ 的解 $\boldsymbol{X}=\boldsymbol{A}^{-1}\boldsymbol{b}$ 是唯一的.

由例 2 可知,若矩阵 $\boldsymbol{A}$ 可逆,则齐次线性方程组 $\boldsymbol{AX}=\boldsymbol{O}$ 只有零解.

除这种特殊的线性方程组以外，如何求解一般的线性方程组呢？这正是3.2节要讨论的问题——用消元法解 n 元线性方程组.

3.2 消元法

消元法是解二元或三元一次线性方程组常用的方法，将其运用到解 n 元线性方程组中也是有效的.它的基本思想是，将方程组中的一部分方程变成未知量较少的方程，从而判断方程组解的情况或求出方程组的解.

下面通过例子说明消元法的具体步骤.

例1 解线性方程组

$$\begin{cases}2x_1+5x_2+3x_3-2x_4=3\\-3x_1-x_2+2x_3+x_4=-4\\-2x_1+3x_2-4x_3-7x_4=-13\\x_1+2x_2+4x_3+x_4=4\end{cases} \tag{3-4}$$

解 为避免出现分数，将方程组(3-4)中的第1个方程和第4个方程交换位置，即

$$\text{方程组(3-4)}\xrightarrow{(①,④)}\begin{cases}x_1+2x_2+4x_3+x_4=4\\-3x_1-x_2+2x_3+x_4=-4\\-2x_1+3x_2-4x_3-7x_4=-13\\2x_1+5x_2+3x_3-2x_4=3\end{cases} \tag{3-5}$$

将第1个方程的适当倍数分别加到第2～4个方程上，消去这些方程中的 x_1 项，即

$$\text{方程组(3-5)}\xrightarrow[④+①(-2)]{\substack{②+①3\\③+①2}}\begin{cases}x_1+2x_2+4x_3+x_4=4\\5x_2+14x_3+4x_4=8\\7x_2+4x_3-5x_4=-5\\x_2-5x_3-4x_4=-5\end{cases} \tag{3-6}$$

将第2个方程和第4个方程交换位置，即

$$\text{方程组(3-6)}\xrightarrow{(②,④)}\begin{cases}x_1+2x_2+4x_3+x_4=4\\x_2-5x_3-4x_4=-5\\7x_2+4x_3-5x_4=-5\\5x_2+14x_3+4x_4=8\end{cases} \tag{3-7}$$

将第2个方程的适当倍数分别加到第3个方程和第4个方程上，消去这些方程中的

x_2 项，即

$$\text{方程组}(3-7)\xrightarrow[\text{④}+\text{②}(-5)]{\text{③}+\text{②}(-7)}\begin{cases}x_1+2x_2+4x_3+x_4=4\\x_2-5x_3-4x_4=-5\\39x_3+23x_4=30\\39x_3+24x_4=33\end{cases}\qquad(3-8)$$

将第 3 个方程乘以 -1 加到第 4 个方程上，消去这个方程中的 x_3 项，即

$$\text{方程组}(3-8)\xrightarrow{\text{④}+\text{③}(-1)}\begin{cases}x_1+2x_2+4x_3+x_4=4\\x_2-5x_3-4x_4=-5\\39x_3+23x_4=30\\x_4=3\end{cases}\qquad(3-9)$$

称方程组(3－9)为**阶梯形方程组**.

阶梯形方程组(3－9)的最后一个方程是一元一次方程，可得

$$x_4=3$$

将 $x_4=3$ 回代至第 3 个方程，可解得

$$x_3=-1$$

将 $x_3=-1,x_4=3$ 回代至第 2 个方程，可解得

$$x_2=2$$

将 $x_2=2,x_3=-1,x_4=3$ 回代至第 1 个方程，可解得

$$x_1=1$$

经验算可知，$(1,2,-1,3)$是原方程组的解.

总结例 1 的求解过程，实际上是对方程组反复施行了三种变换：

(1)交换两个方程的位置；

(2)用一个不为 0 的数乘以一个方程；

(3)将一个方程倍乘一个数后加到另一个方程上.

可以证明：

(1)利用这三种变换，可将任一线性方程组化为阶梯形方程组；

(2)做这三种变换不改变线性方程组的解.

由此可知，阶梯形方程组与原方程组是同解方程组.

从解例 1 中方程组的过程可以看出，解一般线性方程组时，可以通过对方程组施行三种变换，化为解阶梯形方程组的问题.而对于阶梯形方程组，用逐次回代的方法是很容易求解的.

用增广矩阵来表示线性方程组，归纳例 1 中方程组的求解过程，实质上完全可用对增广矩阵进行初等行变换表示出来，即首先用增广矩阵 $\overline{\boldsymbol{A}}$ 表示线性方程组 $\boldsymbol{AX}=\boldsymbol{b}$，其次将 $\overline{\boldsymbol{A}}$ 用初等行变换化为阶梯形矩阵，最后用逐次回代的方法解对应的阶梯形方程组，所得的解为线性方程组 $\boldsymbol{AX}=\boldsymbol{b}$ 的解.这种解线性方程组的方法称为**高斯消元法**，简称**消元法**.

例 2　解线性方程组

$$\begin{cases}x_1+2x_3+x_4=-1\\-x_1+x_2-3x_3+x_4=2\\2x_1-x_2+5x_3=0\end{cases}$$

解　用初等行变换将增广矩阵化为阶梯形矩阵，即

$$\overline{\boldsymbol{A}}=\begin{bmatrix}1&0&2&1&-1\\-1&1&-3&1&2\\2&-1&5&0&0\end{bmatrix}\xrightarrow[③+①(-2)]{②+①}\begin{bmatrix}1&0&2&1&-1\\0&1&-1&2&1\\0&-1&1&-2&2\end{bmatrix}$$

$$\xrightarrow{③+②}\begin{bmatrix}1&0&2&1&-1\\0&1&-1&2&1\\0&0&0&0&3\end{bmatrix}$$

这个矩阵对应的阶梯形方程组是

$$\begin{cases}x_1+2x_3+x_4=-1\\x_2-x_3+2x_4=1\\0=3\end{cases}\tag{3-10}$$

显然，无论 x_1,x_2,x_3,x_4 取哪一组数，它们都不能使方程组(3-10)的第 3 个方程变成恒等式.这说明方程组(3-10)无解，从而原方程组无解.

例 3　解线性方程组

$$\begin{cases}x_1+x_2+x_3+2x_4=3\\2x_1-x_2+3x_3+8x_4=8\\-3x_1+2x_2-x_3-9x_4=-5\\x_2-2x_3-3x_4=-4\end{cases}\tag{3-11}$$

解　用初等行变换将增广矩阵化为阶梯形矩阵，即

$$\overline{A}=\begin{bmatrix}1&1&1&2&3\\2&-1&3&8&8\\-3&2&-1&-9&-5\\0&1&-2&-3&-4\end{bmatrix}$$

$$\xrightarrow[\text{③}+\text{①}3]{\text{②}+\text{①}(-2)}\begin{bmatrix}1&1&1&2&3\\0&-3&1&4&2\\0&5&2&-3&4\\0&1&-2&-3&-4\end{bmatrix}$$

$$\xrightarrow{(\text{②},\text{④})}\begin{bmatrix}1&1&1&2&3\\0&1&-2&-3&-4\\0&5&2&-3&4\\0&-3&1&4&2\end{bmatrix}$$

$$\xrightarrow[\text{④}+\text{②}3]{\text{③}+\text{②}(-5)}\begin{bmatrix}1&1&1&2&3\\0&1&-2&-3&-4\\0&0&12&12&24\\0&0&-5&-5&-10\end{bmatrix}$$

$$\xrightarrow[\text{④}+\text{③}5]{\text{③}\frac{1}{12}}\begin{bmatrix}1&1&1&2&3\\0&1&-2&-3&-4\\0&0&1&1&2\\0&0&0&0&0\end{bmatrix}$$

最后一个矩阵对应的阶梯方程组是

$$\begin{cases}x_1+x_2+x_3+2x_4=3\\x_2-2x_3-3x_4=-4\\x_3+x_4=2\end{cases}\tag{3-12}$$

将方程组(3-12)中含 x_4 的项移到等号的右端，可得

$$\begin{cases}x_1+x_2+x_3=-2x_4+3\\x_2-2x_3=3x_4-4\\x_3=-x_4+2\end{cases}$$

将最后一个方程回代到第 2 个方程，可得

$$x_2=x_4$$

将 x_2,x_3 回代到第 1 个方程，可得

$$x_1=-2x_4+1$$

于是原方程组的解为

$$\begin{cases} x_1 = -2x_4 + 1 \\ x_2 = x_4 \\ x_3 = -x_4 + 2 \end{cases} \tag{3-13}$$

显然,对未知量 x_4 任取一个值代入式(3-13),都可求得相应的 x_1,x_2,x_3 的一组值,从而得到方程组的一个解.因为未知量 x_4 可以取任意值,所以原方程组有无穷多个解.

式(3-13)表示方程组(3-11)的一般解.称式(3-13)等号右边的未知量 x_4 为方程组(3-11)的**自由未知量**.称用自由未知量表示其他未知量的解的表达式为方程组的**一般解**,如式(3-13).在一般解中,当自由未知量都取零值时所得的解称为方程组的**特解**.例如,在例3中,若自由未知量 x_4 取0,代入一般解中,则得到方程组的一个特解(1,0,2,0).

若自由未知量 x_4 取任意常数 c,即 $x_4=c$,则由式(3-13)得到方程组(3-11)的解为

$$\begin{cases} x_1 = -2c + 1 \\ x_2 = c \\ x_3 = -c + 2 \\ x_4 = c \end{cases}$$

写成有序数组形式为

$$(-2c+1,c,-c+2,c)$$

写成矩阵形式为

$$\begin{bmatrix} x_1 \\ x_2 \\ x_3 \\ x_4 \end{bmatrix} = c\begin{bmatrix} -2 \\ 1 \\ -1 \\ 1 \end{bmatrix} + \begin{bmatrix} 1 \\ 0 \\ 2 \\ 0 \end{bmatrix} \tag{3-14}$$

其中 c 是任意常数.

称形如式(3-14)的解为线性方程组的**通解**.

在例1～例3中,线性方程组分别有唯一解、无解、有无穷多解.可以证明:线性方程组的解只可能是有唯一解、有无穷多解、无解三种情况之一.

在用消元法解线性方程组的过程中,当增广矩阵经过初等行变换化为阶梯形矩阵后,得到相应的阶梯形方程组,并用回代的方法求解.其实,回代的过程也可用矩阵表示出来,这个过程实际上就是对阶梯形矩阵进一步化简,使其最终化为一种特殊的矩阵,从这种矩阵中就可以直接解出或“读出”方程组的解.例如,对例3中的阶梯形矩阵

进一步化简,有

$$\begin{bmatrix}1&1&1&2&3\\0&1&-2&-3&-4\\0&0&1&1&2\\0&0&0&0&0\end{bmatrix}\xrightarrow[\text{②}+\text{③}2]{\text{①}+\text{③}(-1)}\begin{bmatrix}1&1&0&1&1\\0&1&0&-1&0\\0&0&1&1&2\\0&0&0&0&0\end{bmatrix}$$

$$\xrightarrow{\text{①}+\text{②}(-1)}\begin{bmatrix}1&0&0&2&1\\0&1&0&-1&0\\0&0&1&1&2\\0&0&0&0&0\end{bmatrix} \qquad (3-15)$$

这个矩阵所对应的阶梯形方程组是

$$\begin{cases}x_1+2x_4=1\\x_2-x_4=0\\x_3+x_4=2\end{cases}$$

将此方程组中的 x_4 项移到等号的右端,就得到方程组(3－11)的一般解(3－13).

观察式(3－15)中的最后一个矩阵可知,前 3 列是未知量 x_1,x_2,x_3 的系数;第 4 列是自由未知量 x_4 的系数;最后一列是方程组的常数项.写方程组的一般解时,要将 x_4 项移到等号右端,所以 x_4 项系数的符号改变;因为常数项不用移项,所以它的符号不变.掌握了上述规律后,从式(3－15)中的最后一个矩阵就可以直接"读出"方程组的一般解为

$$\begin{cases}x_1=-2x_4+1,\\x_2=x_4,\\x_3=-x_4+2,\end{cases}\quad \text{其中 } x_4 \text{ 是自由未知量} \qquad (3-16)$$

可见,类似于式(3－15)中最后一个矩阵的阶梯形矩阵在求解线性方程组的过程中起重要的作用.

定义 3.1　若阶梯形矩阵进一步满足如下两个条件:

(1)各个非零行中的首非零元都是 1;

(2)所有首非零元所在列中的其余元素都是 0,

则称该矩阵为**行简化阶梯形矩阵**.

例如,

$$\begin{bmatrix}1&3&0&2&0&1\\0&0&1&-1&0&0\\0&0&0&0&1&3\end{bmatrix},\quad\begin{bmatrix}1&0&2&5&3\\0&1&4&0&1\\0&0&0&0&0\end{bmatrix}$$

都是行简化阶梯形矩阵.

将阶梯形矩阵化为行简化阶梯形矩阵时，一般从最后一个非零行的首非零元开始，将首非零元化为1，然后将其所在列的其余元素化为0；再把倒数第二个非零行的首非零元化为1，将其所在列的其余元素化为0；依次往上做，即可得到行简化阶梯形矩阵.

容易证明，任意阶梯形矩阵都可以用初等行变换化为行简化阶梯形矩阵；可逆矩阵化为的行简化阶梯形矩阵一定是单位矩阵.

归纳起来，用消元法解线性方程组的具体步骤如下：

第1步　写出增广矩阵 $\overline{\mathbf{A}}$，用初等行变换将 $\overline{\mathbf{A}}$ 化为行简化阶梯形矩阵.

第2步　根据行简化阶梯形矩阵，写出线性方程组的解.

需要注意的是，方程组的自由未知量的取法不是唯一的.例如，在例3中，还可以取 x_2 作为自由未知量(当然，也可以取 x_1)，由式(3-16)中的第2个方程可得 $x_4=x_2$，代入式(3-16)的其他方程中，可得

$$\begin{cases} x_1=-2x_2+1, \\ x_3=-x_2+2, \text{ 其中 } x_2 \text{ 是自由未知量} \\ x_4=x_2, \end{cases} \tag{3-17}$$

它也是例3的一般解.虽然式(3-17)和式(3-16)在形式上不同，但其在本质上是一样的，都表示线性方程组的一般解.

3.3 线性方程组解的情况判定

3.3.1 线性方程组解的判定定理

3.2节讨论了用消元法解 n 元线性方程组，解的情况有三种：有唯一解、有无穷多解、无解.回顾求解过程，实际上就是通过初等行变换，将方程组(3-1)的增广矩阵 $\overline{\mathbf{A}}$ 化为如下形式的阶梯形矩阵：

$$\begin{bmatrix} c_{11} & c_{12} & \cdots & c_{1j} & \cdots & c_{1n} & d_1 \\ 0 & c_{22} & \cdots & c_{2j} & \cdots & c_{2n} & d_2 \\ \vdots & \vdots & & \vdots & & \vdots & \vdots \\ 0 & 0 & \cdots & c_{rj} & \cdots & c_{rn} & d_r \\ 0 & 0 & \cdots & 0 & \cdots & 0 & d_{r+1} \\ \vdots & \vdots & & \vdots & & \vdots & \vdots \\ 0 & 0 & \cdots & 0 & \cdots & 0 & 0 \end{bmatrix} \tag{3-18}$$

其中 $c_{rj}\neq 0$.当 $d_{r+1}=0$ 时，方程组(3－1)有解(如 3.2 节的例 1、例 3)；当 $d_{r+1}\neq 0$ 时，方程组(3－1)无解(如 3.2 节的例 2).这就是说，方程组是否有解，关键在于将增广矩阵 $\overline{\boldsymbol{A}}$ 化为阶梯形矩阵后，d_{r+1} 是否为 0，即将增广矩阵 $\overline{\boldsymbol{A}}$ 化为阶梯形矩阵后非零行的行数和将系数矩阵 $\boldsymbol{A}$ 化为阶梯形矩阵后非零行的行数是否相等.我们知道，一个矩阵经初等行变换化为阶梯形矩阵后，其非零行的行数就是该矩阵的秩.因此，线性方程组是否有解就可以用系数矩阵和增广矩阵的秩来刻画.

定理 3.1 n 元线性方程组 $\boldsymbol{AX}=\boldsymbol{b}$ 有解的充分必要条件是它的系数矩阵的秩和增广矩阵的秩相等，即

$$r(\boldsymbol{A})=r(\overline{\boldsymbol{A}})$$

这样，当方程组有解时，$d_{r+1}=0$，$r(\boldsymbol{A})=r(\overline{\boldsymbol{A}})=r$，增广矩阵 $\overline{\boldsymbol{A}}$ 可化为如下阶梯形矩阵：

$$\begin{bmatrix} c_{11} & c_{12} & \cdots & c_{1j} & c_{1,j+1} & \cdots & c_{1n} & d_1 \\ 0 & c_{22} & \cdots & c_{2j} & c_{2,j+1} & \cdots & c_{2n} & d_2 \\ \vdots & \vdots & & \vdots & \vdots & & \vdots & \vdots \\ 0 & 0 & \cdots & c_{rj} & c_{r,j+1} & \cdots & c_{rn} & d_r \\ 0 & 0 & \cdots & 0 & 0 & \cdots & 0 & 0 \\ \vdots & \vdots & & \vdots & \vdots & & \vdots & \vdots \\ 0 & 0 & \cdots & 0 & 0 & \cdots & 0 & 0 \end{bmatrix} \tag{3-19}$$

其中 $c_{rj}\neq 0$.阶梯形矩阵(3－19)有 r 个非零行，每个非零行的第一个非零元素称为**主元素**，有 r 个.主元素所在列对应的未知量称为**基本未知量**，也有 r 个.其余的未知量作为自由未知量，有 $n-r$ 个.将阶梯形矩阵(3－19)表示的方程组中含有基本未知量的项留在方程左端，含有自由未知量的项移到方程右端，并用逐个方程回代的方法即可得到线性方程组的一般解.在一般解中，对于自由未知量任意取定的一组值，我们可以唯一地确定相应基本未知量的一组值，从而构成方程组的一个解.由此可知，只要存在自由未知量，方程组(3－1)就有无穷多解；反之，若没有自由未知量，即 $n-r=0$，亦即 $r=n$，则方程组只有唯一解.于是有以下定理：

定理 3.2 若 n 元线性方程组 $\boldsymbol{AX}=\boldsymbol{b}$ 满足 $r(\boldsymbol{A})=r(\overline{\boldsymbol{A}})=r$，则当 $r=n$ 时，线性方程组有解且只有唯一解；当 $r<n$ 时，线性方程组有无穷多解.

定理 3.1 回答了线性方程组是否有解的问题，定理 3.2 回答了线性方程组在有解的情况下，解是否唯一的问题.对于如何求解以及解的表达问题，3.2 节已经给予了回答.至此，本章开篇提出的问题已全部得到解决.

定理 3.1 和定理 3.2 统称**线性方程组解的判定定理**.

例 1 当 λ 为何值时，线性方程组

$$\begin{cases} x_1 - 7x_2 + 4x_3 + 2x_4 = 0 \\ 2x_1 - 5x_2 + 3x_3 + 2x_4 = 1 \\ 5x_1 - 8x_2 + 5x_3 + 4x_4 = 3 \\ 4x_1 - x_2 + x_3 + 2x_4 = \lambda \end{cases}$$

有解?若有解,求出它的解.

解 将线性方程组的增广矩阵化为阶梯形矩阵,即

$$\overline{\mathbf{A}} = \begin{bmatrix} 1 & -7 & 4 & 2 & 0 \\ 2 & -5 & 3 & 2 & 1 \\ 5 & -8 & 5 & 4 & 3 \\ 4 & -1 & 1 & 2 & \lambda \end{bmatrix} \xrightarrow[④+①(-4)]{\substack{②+①(-2)\\③+①(-5)}} \begin{bmatrix} 1 & -7 & 4 & 2 & 0 \\ 0 & 9 & -5 & -2 & 1 \\ 0 & 27 & -15 & -6 & 3 \\ 0 & 27 & -15 & -6 & \lambda \end{bmatrix}$$

$$\xrightarrow[④+②(-3)]{③+②(-3)} \begin{bmatrix} 1 & -7 & 4 & 2 & 0 \\ 0 & 9 & -5 & -2 & 1 \\ 0 & 0 & 0 & 0 & 0 \\ 0 & 0 & 0 & 0 & \lambda-3 \end{bmatrix}$$

当 $\lambda=3$ 时,$r(\mathbf{A})=r(\overline{\mathbf{A}})=2<4$(未知量的个数),故方程组有无穷多解.这时,将增广矩阵继续进行初等行变换,化为行简化阶梯形矩阵,即

$$\overline{\mathbf{A}} \to \begin{bmatrix} 1 & -7 & 4 & 2 & 0 \\ 0 & 9 & -5 & -2 & 1 \\ 0 & 0 & 0 & 0 & 0 \\ 0 & 0 & 0 & 0 & 0 \end{bmatrix} \xrightarrow[①+②7]{②\frac{1}{9}} \begin{bmatrix} 1 & 0 & \frac{1}{9} & \frac{4}{9} & \frac{7}{9} \\ 0 & 1 & -\frac{5}{9} & -\frac{2}{9} & \frac{1}{9} \\ 0 & 0 & 0 & 0 & 0 \\ 0 & 0 & 0 & 0 & 0 \end{bmatrix}$$

故线性方程组的一般解为

$$\begin{cases} x_1 = -\frac{1}{9}x_3 - \frac{4}{9}x_4 + \frac{7}{9}, \\ x_2 = \frac{5}{9}x_3 + \frac{2}{9}x_4 + \frac{1}{9}, \end{cases} \text{其中 } x_3, x_4 \text{ 是自由未知量}$$

上面讨论的是非齐次线性方程组解的问题.作为一种特殊情况,齐次线性方程组的解的情况如何呢?由 3.1 节已知,齐次线性方程组(3-2)总有零解,但是我们更关心齐次线性方程组在什么情况下有非零解.由定理 3.2 可得如下推论:

推论 n 元齐次线性方程组 $\boldsymbol{AX}=\boldsymbol{O}$ 有非零解的充分必要条件是系数矩阵 $\boldsymbol{A}$ 的秩小于未知量的个数,即 $r(\boldsymbol{A})<n$.

例 2 讨论齐次线性方程组

$$\begin{cases}x_1-3x_2+2x_3=0\\2x_1-5x_2+3x_3=0\\3x_1-8x_2+\lambda x_3=0\end{cases}$$

解的情况,并在其有非零解时求出一般解.

解 因为系数矩阵

$$\boldsymbol{A}=\begin{bmatrix}1&-3&2\\2&-5&3\\3&-8&\lambda\end{bmatrix}\xrightarrow[③+①(-3)]{②+①(-2)}\begin{bmatrix}1&-3&2\\0&1&-1\\0&1&\lambda-6\end{bmatrix}$$

$$\xrightarrow[③+②(-1)]{①+②3}\begin{bmatrix}1&0&-1\\0&1&-1\\0&0&\lambda-5\end{bmatrix}$$

所以当 $\lambda\neq5$ 时,$r(\boldsymbol{A})=3$(未知量的个数),齐次线性方程组只有零解;当 $\lambda=5$ 时,$r(\boldsymbol{A})=2<3$(未知量的个数),方程组有非零解,其一般解为

$$\begin{cases}x_1=x_3,\\x_2=x_3,\end{cases}\text{其中 } x_3 \text{ 是自由未知量}$$

回顾 3.1 节中例 2,用定理 3.2 和推论也可以验证.这是因为,若系数矩阵 $\boldsymbol{A}$ 可逆,则等价于 $r(\boldsymbol{A})=r(\overline{\boldsymbol{A}})=n$,故由定理 3.2 和推论可知,非齐次线性方程组 $\boldsymbol{AX}=\boldsymbol{b}$ 只有唯一解,齐次线性方程组 $\boldsymbol{AX}=\boldsymbol{O}$ 只有零解.

3.3.2 矩阵方程的求解

2.6 节已经介绍了用求逆矩阵的方法解矩阵方程 $\boldsymbol{AX}=\boldsymbol{B}$.本节将通过一个例子介绍如何用消元法解矩阵方程

$$\boldsymbol{AX}=\boldsymbol{B}$$

由于篇幅所限,这里只介绍 $\boldsymbol{A}$ 是方阵且可逆时的解法.对于 $\boldsymbol{A}$ 不可逆或不是方阵的情形,解法大体相同,在此不做介绍.

例 3　解矩阵方程 $\boldsymbol{AX}=\boldsymbol{B}$，其中

$$\boldsymbol{A}=\begin{bmatrix}1 & 1 & 0\\ 2 & 1 & -1\\ 3 & 4 & 2\end{bmatrix},\quad \boldsymbol{B}=\begin{bmatrix}2 & -1\\ 2 & 3\\ 3 & 4\end{bmatrix}$$

解　因为 $\boldsymbol{A}$ 是可逆矩阵，所以增广矩阵$[\boldsymbol{A} \vdots \boldsymbol{B}]$经过初等行变换可以化为$[\boldsymbol{I} \vdots \boldsymbol{C}]$的形式，其中 $\boldsymbol{I}$ 是单位矩阵，则 $\boldsymbol{X}=\boldsymbol{C}$ 就是矩阵方程 $\boldsymbol{AX}=\boldsymbol{B}$ 的解.

$$[\boldsymbol{A} \vdots \boldsymbol{B}]=\left[\begin{array}{ccc:cc}1 & 1 & 0 & 2 & -1\\ 2 & 1 & -1 & 2 & 3\\ 3 & 4 & 2 & 3 & 4\end{array}\right]$$

$$\xrightarrow[③+①(-3)]{②+①(-2)}\left[\begin{array}{ccc:cc}1 & 1 & 0 & 2 & -1\\ 0 & -1 & -1 & -2 & 5\\ 0 & 1 & 2 & -3 & 7\end{array}\right]$$

$$\xrightarrow[③+②(-1)]{②(-1)}\left[\begin{array}{ccc:cc}1 & 1 & 0 & 2 & -1\\ 0 & 1 & 1 & 2 & -5\\ 0 & 0 & 1 & -5 & 12\end{array}\right]\xrightarrow{②+③(-1)}\left[\begin{array}{ccc:cc}1 & 1 & 0 & 2 & -1\\ 0 & 1 & 0 & 7 & -17\\ 0 & 0 & 1 & -5 & 12\end{array}\right]$$

$$\xrightarrow{①+②(-1)}\left[\begin{array}{ccc:cc}1 & 0 & 0 & -5 & 16\\ 0 & 1 & 0 & 7 & -17\\ 0 & 0 & 1 & -5 & 12\end{array}\right]$$

此矩阵已是$[\boldsymbol{I} \vdots \boldsymbol{C}]$的形式，故矩阵方程的解是

$$\boldsymbol{X}=\begin{bmatrix}-5 & 16\\ 7 & -17\\ -5 & 12\end{bmatrix}$$

对于其他形式的矩阵方程，都可先将其化为一般形式 $\boldsymbol{AX}=\boldsymbol{B}$，再用例 3 中的方法求解.例如，求解矩阵方程 $\boldsymbol{XA}=\boldsymbol{B}$，可先在方程两边同时求转置，即$(\boldsymbol{XA})^{\mathrm{T}}=\boldsymbol{B}^{\mathrm{T}}$，得到 $\boldsymbol{A}^{\mathrm{T}}\boldsymbol{X}^{\mathrm{T}}=\boldsymbol{B}^{\mathrm{T}}$，然后用例 3 中的方法求解，得到 $\boldsymbol{X}^{\mathrm{T}}$ 后，再转置便可得到 $\boldsymbol{X}$.又如，求解矩阵方程 $\boldsymbol{CX}+\boldsymbol{D}=\boldsymbol{X}$，可先将其化为矩阵方程的一般形式$(\boldsymbol{C}-\boldsymbol{I})\boldsymbol{X}=-\boldsymbol{D}$，再用例 3 中的方法求解.

例 4　《九章算术》中的方程问题.

《九章算术》是我国古代第一部自成体系的数学专著，成书于公元 1 世纪左右，书名因其内容有九章而来.该书系统地总结了战国、秦、汉时期的数学成就，采用问题集的形式，收录了 246 个与生产、生活实践有联系的应用问题，其中每道题都包括问(题目)、答(答案)、术(解题的步骤，但没有证明)，有的是一题一术，有的是多题一术或一题多术.其最早提到分数问题，并首先记录了“盈不足”等问题.

《九章算术》中关于代数学方面的成就是巨大的，其中第八章“方程”提出了多元一次方程组，其解法是将它们的系数和常数项用算筹摆成“方阵”（所以称之为“方程”），采用直除法进行消元，即通过行的数乘与行行之间的加减，逐个消去未知量，得到“方程组”的解.这种思想相当于矩阵的初等变换.稍有不同之处是，我国古代算筹的摆放与书写习惯是以右为先，竖向排列；而现代书写习惯是以左为先，横向排列.

《九章算术》中的问题如下：今有上禾三秉，中禾二秉，下禾一秉，实三十九斗；上禾二秉，中禾三秉，下禾一秉，实三十四斗；上禾一秉，中禾二秉，下禾三秉，实二十六斗.问上、中、下禾实一秉各几何？

此题用古代算筹演算，列法应为

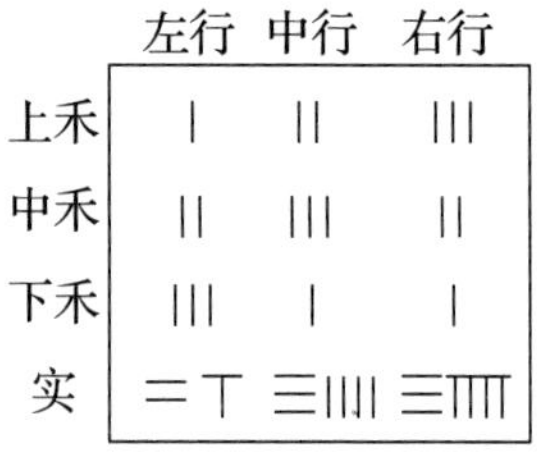

《九章算术》中给出的直除法相等于下列矩阵变换：

$$\begin{bmatrix}1&2&3\\2&3&2\\3&1&1\\26&34&39\end{bmatrix}\xrightarrow{\text{中列}\times 3-\text{右列}\times 2}\begin{bmatrix}1&0&3\\2&5&2\\3&1&1\\26&24&39\end{bmatrix}$$

$$\xrightarrow{\text{左列}\times 3-\text{右列}}\begin{bmatrix}0&0&3\\4&5&2\\8&1&1\\39&24&39\end{bmatrix}$$

$$\xrightarrow{\text{左列}\times 5-\text{中列}\times 4}\begin{bmatrix}0&0&3\\0&5&2\\36&1&1\\99&24&39\end{bmatrix}$$

$$\xrightarrow{\text{左列除以 }36\text{，逐步向右代入相消}}\begin{bmatrix}0&0&1\\0&1&0\\1&0&0\\2\frac{3}{4}&4\frac{1}{4}&9\frac{1}{4}\end{bmatrix}$$

答曰：上禾一秉，得实九斗四分斗之一；中禾一秉，得实四斗四分斗之一；下禾一秉，得实二斗四分斗之三.

此题目用线性方程组可如下表示：设上禾、中禾、下禾每秉得实（每捆禾谷出粮）分别为 x_1, x_2, x_3，由题意，可列出方程组

$$\begin{cases} 3x_1 + 2x_2 + x_3 = 39 \\ 2x_1 + 3x_2 + x_3 = 34 \\ x_1 + 2x_2 + 3x_3 = 26 \end{cases}$$

对增广矩阵进行初等行变换，可得

$$\overline{\mathbf{A}} = \begin{bmatrix} 3 & 2 & 1 & 39 \\ 2 & 3 & 1 & 34 \\ 1 & 2 & 3 & 26 \end{bmatrix} \xrightarrow{(①,③)} \begin{bmatrix} 1 & 2 & 3 & 26 \\ 2 & 3 & 1 & 34 \\ 3 & 2 & 1 & 39 \end{bmatrix}$$

$$\xrightarrow[③+①(-3)]{②+①(-2)} \begin{bmatrix} 1 & 2 & 3 & 26 \\ 0 & -1 & -5 & -18 \\ 0 & -4 & -8 & -39 \end{bmatrix}$$

$$\xrightarrow[③+②4]{②(-1)} \begin{bmatrix} 1 & 2 & 3 & 26 \\ 0 & 1 & 5 & 18 \\ 0 & 0 & 12 & 33 \end{bmatrix}$$

$$\xrightarrow{③\frac{1}{12}} \begin{bmatrix} 1 & 2 & 3 & 26 \\ 0 & 1 & 5 & 18 \\ 0 & 0 & 1 & \frac{11}{4} \end{bmatrix}$$

$$\xrightarrow[①+②(-2)+③(-3)]{②+③(-5)} \begin{bmatrix} 1 & 0 & 0 & 9\frac{1}{4} \\ 0 & 1 & 0 & 4\frac{1}{4} \\ 0 & 0 & 1 & 2\frac{3}{4} \end{bmatrix}$$

答案：上等禾谷每捆出粮 $9\frac{1}{4}$ 斗，中等禾谷每捆出粮 $4\frac{1}{4}$ 斗，下等禾谷每捆出粮 $2\frac{3}{4}$ 斗.

《九章算术》中的很多问题是历史上最早记载的，是当时世界上最简练、有效的数学应用."方程"一章引入和使用了负数，并提出了正负术（正负数）的加减法则，第一次突破了正数的范围，扩展了数系；解多元一次方程组的直除法是最早的、完整的线性方

程组的解法.在国外,直到 7 世纪,印度数学家婆罗摩笈多才认识负数;直到 17 世纪,德国数学家莱布尼茨才提出完整的线性方程组的解法法则.《九章算术》的出现标志着我国古代数学形成了完整的体系.

例 5 用求解矩阵方程的方法,求出本章"引子"中 3 个服务部门的总成本 $\boldsymbol{X}$.

解 "引子"中已经列出线性方程组

$$\begin{cases} x_1 = 600 + 0.25x_1 + 0.15x_2 + 0.15x_3 \\ x_2 = 1\,100 + 0.35x_1 + 0.20x_2 + 0.25x_3 \\ x_3 = 600 + 0.10x_1 + 0.10x_2 + 0.35x_3 \end{cases}$$

其间接成本系数矩阵和直接成本矩阵分别为

$$\boldsymbol{A} = \begin{bmatrix} 0.25 & 0.15 & 0.15 \\ 0.35 & 0.20 & 0.25 \\ 0.10 & 0.10 & 0.35 \end{bmatrix}, \quad \boldsymbol{Y} = \begin{bmatrix} 600 \\ 1\,100 \\ 600 \end{bmatrix}$$

则 3 个服务部门的总成本方程组的矩阵形式为

$$\boldsymbol{X} = \boldsymbol{Y} + \boldsymbol{AX}$$

即

$$(\boldsymbol{I} - \boldsymbol{A})\boldsymbol{X} = \boldsymbol{Y}$$

因为

$$\boldsymbol{I} - \boldsymbol{A} = \begin{bmatrix} 0.75 & -0.15 & -0.15 \\ -0.35 & 0.80 & -0.25 \\ -0.10 & -0.10 & 0.65 \end{bmatrix}$$

用初等行变换化增广矩阵为行简化阶梯形矩阵,有

$$\overline{\boldsymbol{A}} = \begin{bmatrix} 0.75 & -0.15 & -0.15 & 600 \\ -0.35 & 0.80 & -0.25 & 1\,100 \\ -0.10 & -0.10 & 0.65 & 600 \end{bmatrix} \rightarrow \begin{bmatrix} 1 & 0 & 0 & 1\,629.892\,3 \\ 0 & 1 & 0 & 2\,578.884\,4 \\ 0 & 0 & 1 & 1\,570.580\,7 \end{bmatrix}$$

所以 3 个服务部门的总成本为

$$\boldsymbol{X} = \begin{bmatrix} 1\,629.892\,3 \\ 2\,578.884\,4 \\ 1\,570.580\,7 \end{bmatrix}$$

即

$x_1 = 1\,629.892\,3$(千元), $x_2 = 2\,578.884\,4$(千元), $x_3 = 1\,570.580\,7$(千元)

随之,各部门的直接成本与间接成本也可以全部确定.将这些数值代入表 3 - 1 中,结果如表 3 - 2 所示.

表 3-2 某公司 5 个部门的直接成本与服务部门的间接成本结果 单位:千元

部门	总成本	直接成本 $\boldsymbol{Y}$	服务部门的间接成本		
			S_1	S_2	S_3
S_1	1 629.892 3	600	407.473 1	386.832 7	235.587 1
S_2	2 578.884 4	1 100	570.462 3	515.776 9	392.645 2
S_3	1 570.580 7	600	162.989 2	257.888 4	549.703 2
P_1	3 224.792 2	2 100	244.483 9	644.721 1	235.587 2
P_2	2 675.207 2	1 500	244.483 9	773.665 3	157.058 0
总计		5 900	1 629.892 3	2 578.884 4	1 570.580 7

注:由于计算中进行了四舍五入,所以表中的数据存在细微偏差.

由表 3-2 可知,部门 P_1 支付给部门 S_1,S_2 和 S_3 的服务费是 1 124.792 2 千元,部门 P_2 支付给部门 S_1,S_2 和 S_3 的服务费是 1 175.207 2 千元.另外,由表 3-2 还可知,部门 P_1 和 P_2 的总成本是 5 899.999 4 千元,这个数字近似于 3 个服务部门和 2 个生产部门的直接成本之和.该结果与传统的会计处理方法是一致的,出现的误差仅仅是由舍入误差导致的.

“引子”中介绍的例子就是本章知识在会计学中的一个应用案例.

习题 3

一、单项选择题

1. 线性方程组 $\boldsymbol{A}_{m\times n}\boldsymbol{X}=\boldsymbol{b}$ 有解的充分必要条件是(　　).

   A. $\boldsymbol{b}=\boldsymbol{O}$　　B. $m<n$　　C. $m=n$　　D. $r(\boldsymbol{A})=r(\overline{\boldsymbol{A}})$

2. 下列结论中,正确的是(　　).

   A. 当方程的个数小于未知量的个数时,线性方程组一定有无穷多解

   B. 当方程的个数等于未知量的个数时,线性方程组一定有唯一解

   C. 当方程的个数大于未知量的个数时,线性方程组一定无解

   D. 以上都不对

3. 齐次线性方程组 $\boldsymbol{A}_{3\times 4}\boldsymbol{X}_{4\times 1}=\boldsymbol{O}$(　　).

   A. 无解　　B. 有非零解

   C. 只有零解　　D. 可能有解,也可能无解

4. 若线性方程组 $\boldsymbol{AX}=\boldsymbol{O}$ 只有零解,则线性方程组 $\boldsymbol{AX}=\boldsymbol{b}$(　　).

A. 有唯一解　　B. 有无穷多解

C. 无解　　D. 解的情况不能确定

5. 线性方程组 $\boldsymbol{AX}=\boldsymbol{b}$ 的增广矩阵 $\overline{\boldsymbol{A}}$ 可化为阶梯形矩阵

$$\overline{\boldsymbol{A}} \to \begin{bmatrix} 1 & -1 & 2 & 1 & 1 \\ 0 & 1 & -1 & 3 & 2 \\ 0 & 0 & 0 & 0 & 0 \end{bmatrix}$$

则方程组的一般解为(　　)(其中 x_3, x_4 是自由未知量).

A. $\begin{cases} x_1=-x_3-4x_4-3 \\ x_2=x_3-3x_4-2 \end{cases}$　　B. $\begin{cases} x_1=2x_3+x_4+1 \\ x_2=-x_3+3x_4+2 \end{cases}$

C. $\begin{cases} x_1=-x_3-4x_4+3 \\ x_2=x_3-3x_4+2 \end{cases}$　　D. $\begin{cases} x_1=x_3+x_4+3 \\ x_2=-x_3+3x_4+2 \end{cases}$

二、填空题

1. 已知线性方程组 $\boldsymbol{AX}=\boldsymbol{b}$ 的增广矩阵是

$$\overline{\boldsymbol{A}} = \begin{bmatrix} 1 & 2 & -3 & 0 & -7 \\ 0 & 1 & -1 & 2 & -5 \\ 0 & -2 & 2 & -4 & 10 \\ 0 & 0 & 0 & 0 & 0 \end{bmatrix}$$

则方程组的一般解是______________.

2. 用消元法解线性方程组 $\boldsymbol{AX}=\boldsymbol{b}$，增广矩阵 $\overline{\boldsymbol{A}}$ 经初等行变换化为阶梯形矩阵

$$\overline{\boldsymbol{A}} \to \begin{bmatrix} 1 & 2 & 3 & 1 & 1 \\ 0 & 1 & -1 & 2 & 0 \\ 0 & 0 & 1 & -1 & 2 \\ 0 & 0 & 0 & s & t \end{bmatrix}$$

(1)当 s________，t________时，$\boldsymbol{AX}=\boldsymbol{b}$ 无解；

(2)当 s________，t________时，$\boldsymbol{AX}=\boldsymbol{b}$ 有无穷多解；

(3)当 s________，t________时，$\boldsymbol{AX}=\boldsymbol{b}$ 有唯一解.

3. 齐次线性方程组 $\boldsymbol{AX}=\boldsymbol{O}$ 总有________解；当它所含方程的个数小于未知量的个数时，它一定有________解.

4. 对于齐次线性方程组 $\begin{cases} x_1+x_2=0, \\ \lambda x_1+x_2=0, \end{cases}$ 当 λ________时，它有非零解.

5. 线性方程组

$$\begin{cases} x_1+x_2+x_3+x_4+x_5=4 \\ x_3+x_4+x_5=2 \\ x_5=1 \end{cases}$$

的一般解是________.

三、计算题

1. 解下列方程组：

(1) $\begin{cases} x_1+x_2-3x_3=1, \\ 3x_1-x_2-3x_3=4, \\ x_1+5x_2-9x_3=0; \end{cases}$

(2) $\begin{cases} x_1+2x_2-x_3+4x_4=2, \\ 2x_1+5x_2+x_3+x_4=1, \\ x_1+x_2-4x_3+11x_4=5; \end{cases}$

(3) $\begin{cases} 5x_1+9x_2+3x_3=8, \\ 2x_1+5x_2+x_3=1, \\ x_1+3x_2+x_3=0; \end{cases}$

(4) $\begin{cases} -3x_1-2x_2-2x_3=1, \\ x_1+x_2+x_3=-1, \\ 3x_2+x_3=-4, \\ x_1+2x_3=1; \end{cases}$

(5) $\begin{cases} -x_1-2x_2+x_3+4x_4=0, \\ 2x_1+3x_2-4x_3-5x_4=0, \\ x_1-4x_2-13x_3+14x_4=0, \\ x_1-x_2-7x_3+5x_4=0; \end{cases}$

(6) $\begin{cases} x_1+3x_2-x_3=0, \\ 3x_1-x_2+2x_3=0, \\ -2x_1+5x_2+x_3=0, \\ 3x_1+10x_2+x_3=0. \end{cases}$

2. 当 c,d 为何值时，线性方程组

$$\begin{cases} x_1-x_3-x_4=-2 \\ x_1+x_2+x_3+x_4=c \\ x_2+2x_3+2x_4=3 \\ 5x_1+3x_2+x_3+x_4=d \end{cases}$$

有解?并求其解.

3. 当 λ 为何值时,线性方程组

$$\begin{cases} x_1 - x_2 - 5x_3 + 4x_4 = 2 \\ 2x_1 - x_2 + 3x_3 - x_4 = 1 \\ 3x_1 - 2x_2 - 2x_3 + 3x_4 = 3 \\ 7x_1 - 5x_2 - 9x_3 + 10x_4 = \lambda \end{cases}$$

有解?并求其解.

4. 解下列矩阵方程:

(1)$\boldsymbol{XA} = \boldsymbol{B}$,其中

$$\boldsymbol{A} = \begin{bmatrix} 0 & 1 & 2 \\ 1 & 1 & -1 \\ 2 & 4 & 0 \end{bmatrix}, \quad \boldsymbol{B} = \begin{bmatrix} 2 & 1 & 3 \\ -3 & 5 & 6 \end{bmatrix}$$

(2)$\boldsymbol{AX} + \boldsymbol{I} = \boldsymbol{B}$,其中

$$\boldsymbol{A} = \begin{bmatrix} 3 & 0 & 2 \\ 0 & 1 & -1 \\ -1 & 4 & 2 \end{bmatrix}, \quad \boldsymbol{B} = \begin{bmatrix} 2 & 5 & -4 \\ -2 & 1 & 0 \\ 3 & 2 & 5 \end{bmatrix}$$

分析与解题

重点与难点

重点:用消元法解线性方程组、线性方程组解的情况判定.

难点:带参数的线性方程组解的情况判定.

疑难分析

1. 关于用消元法解线性方程组

用消元法解线性方程组的基本思想是,设法使线性方程组中的一部分方程变成未知量较少的方程.在实际计算中,对线性方程组的增广矩阵进行初等行变换,将其化为阶梯形矩阵.若出现“$0 \quad 0 \quad \cdots \quad 0 \quad d$”($d \neq 0$)行,则线性方程组无解;否则,线性方程组有解.进一步将阶梯形矩阵化为行简化阶梯形矩阵,从中直接“读出”线性方程组的解(唯一解或一般解).

用消元法解线性方程组的过程实际上是在承认下面结论的前提下进行的:

(1)任一方程组都能化为阶梯形方程组.

(2)阶梯形方程组与原方程组是同解方程组.

事实上,因为线性方程组可以用增广矩阵表示,由第2章矩阵的知识可知,任一矩阵经过初等行变换都可以化为阶梯形矩阵,而阶梯形矩阵表示的方程组就是阶梯形方程组,故结论(1)得以证明.

为了证明结论(2),先证明对线性方程组施行下列三种变换不改变其解:

(1)交换两个方程的位置.

(2)用一个不为0的数乘以一个方程.

(3)将一个方程倍乘一个数后加到另一个方程上.

变换(1)不改变线性方程组的解是显然的.

下面证明变换(3)不改变线性方程组的解.假设对线性方程组(3-1)

$$\begin{cases} a_{11}x_1+a_{12}x_2+\cdots+a_{1n}x_n=b_1 \\ a_{21}x_1+a_{22}x_2+\cdots+a_{2n}x_n=b_2 \\ \cdots\cdots \\ a_{m1}x_1+a_{m2}x_2+\cdots+a_{mn}x_n=b_m \end{cases}$$

施行变换(3),不妨将第1个方程的k倍加到第2个方程上,则方程组变为

$$\begin{cases} a_{11}x_1+a_{12}x_2+\cdots+a_{1n}x_n=b_1 \\ (a_{21}+ka_{11})x_1+(a_{22}+ka_{12})x_2+\cdots+(a_{2n}+ka_{1n})x_n=b_2+kb_1 \\ \cdots\cdots \\ a_{m1}x_1+a_{m2}x_2+\cdots+a_{mn}x_n=b_m \end{cases} \tag{3-20}$$

设$(c_1,c_2,\cdots,c_n)$是方程组(3-20)的一个解,代入方程组(3-20)中,有

$$\begin{cases} a_{11}c_1+a_{12}c_2+\cdots+a_{1n}c_n=b_1 \\ (a_{21}+ka_{11})c_1+(a_{22}+ka_{12})c_2+\cdots+(a_{2n}+ka_{1n})c_n=b_2+kb_1 \\ \cdots\cdots \\ a_{m1}c_1+a_{m2}c_2+\cdots+a_{mn}c_n=b_m \end{cases} \tag{3-21}$$

将方程组(3-21)中的第2个方程整理一下,并结合第1个方程的结果,有

$$\begin{aligned} & a_{21}c_1+a_{22}c_2+\cdots+a_{2n}c_n+k(a_{11}c_1+a_{12}c_2+\cdots+a_{1n}c_n) \\ =& a_{21}c_1+a_{22}c_2+\cdots+a_{2n}c_n+kb_1 \\ =& b_2+kb_1 \end{aligned}$$

即

$$a_{21}c_1+a_{22}c_2+\cdots+a_{2n}c_n=b_2$$

可见,$(c_1,c_2,\cdots,c_n)$也是方程组(3-1)的解.

同理,可以证明,变换(2)不改变方程组的解.

回顾阶梯形方程组的由来，它实际上是对方程组反复施行上述三种变换得到的，故阶梯形方程组与原方程组是同解方程组.

2. 关于线性方程组解的情况判定

(1)对于不带参数的线性方程组，判断其解的情况比较简单，只要把增广矩阵化为阶梯形矩阵，然后比较系数矩阵和增广矩阵的秩即可.对于带参数的线性方程组，首先要根据参数取不同的值(不要遗漏，也不要重复)来判断系数矩阵和增广矩阵的秩的情况，然后结合线性方程组解的判定定理，判断线性方程组解的情况.

(2)无论齐次线性方程组还是非齐次线性方程组，当它有无穷多解时，其一般解中的自由未知量的个数都是 $n-r$.其中，n 是方程组中未知量的个数，r 是方程组的系数矩阵的秩.

(3)在一般解中，因为自由未知量的选取不是唯一的，所以线性方程组一般解的表达式也不是唯一的.

以上有关线性方程组解的情况分析可表示如下：

$$\boldsymbol{AX}=\boldsymbol{b}\ (\boldsymbol{b}\neq\boldsymbol{O})\begin{cases}\text{有解}\Leftrightarrow r(\overline{\boldsymbol{A}})=r(\boldsymbol{A})\begin{cases}=n, & \text{有唯一解}\\ <n, & \text{有无穷多解}\end{cases}\\ \text{无解}\Leftrightarrow r(\overline{\boldsymbol{A}})\neq r(\boldsymbol{A})\end{cases}$$

$$\boldsymbol{AX}=\boldsymbol{O}\begin{cases}\text{只有零解}\Leftrightarrow r(\boldsymbol{A})=n\\ \text{有非零解}\Leftrightarrow r(\boldsymbol{A})<n\end{cases}$$

3. 关于矩阵方程的解法

(1)对于形如 $\boldsymbol{AX}=\boldsymbol{B}$ 的矩阵方程，若矩阵 $\boldsymbol{A}$ 可逆，则可用初等行变换法求解：

$$[\boldsymbol{A}\ \vdots\ \boldsymbol{B}]\xrightarrow{\text{初等行变换}}[\boldsymbol{I}\ \vdots\ \boldsymbol{C}]$$

得到 $\boldsymbol{X}=\boldsymbol{C}$.

(2)对于形如 $\boldsymbol{XA}=\boldsymbol{B}$ 的方程，先在方程两边同时求转置，得到 $(\boldsymbol{XA})^{\mathrm{T}}=\boldsymbol{B}^{\mathrm{T}}$，即 $\boldsymbol{A}^{\mathrm{T}}\boldsymbol{X}^{\mathrm{T}}=\boldsymbol{B}^{\mathrm{T}}$，用类似于(1)的方法求解，有

$$[\boldsymbol{A}^{\mathrm{T}}\ \vdots\ \boldsymbol{B}^{\mathrm{T}}]\xrightarrow{\text{初等行变换}}[\boldsymbol{I}\ \vdots\ \boldsymbol{D}]$$

得到 $\boldsymbol{X}^{\mathrm{T}}=\boldsymbol{D}$，即 $\boldsymbol{X}=\boldsymbol{D}^{\mathrm{T}}$.

跟我学解题

例 1　解线性方程组

$$\begin{cases}2x_1-5x_2+2x_3-3x_4=1\\ x_1+2x_2-x_3+3x_4=2\\ -x_1+7x_2-3x_3+6x_4=1\end{cases}$$

【分析】这是一个由3个方程、4个未知量组成的线性方程组.用消元法解线性方程组时，首先写出增广矩阵 $\overline{\mathbf{A}}$，将 $\overline{\mathbf{A}}$ 用初等行变换化为阶梯形矩阵.若出现“0 0 … 0 d”($d\neq0$)行，则线性方程组无解；否则，线性方程组有解.在线性方程组有解的情况下，将阶梯形矩阵化为行简化阶梯形矩阵，从中“读出”线性方程组的唯一解或一般解.

对矩阵做初等行变换时，一般先将第1行第1列的元素化为1或−1，这样做可以避免出现分数运算，使运算简便.

解 对增广矩阵做初等行变换，有

$$\overline{\mathbf{A}}=\begin{bmatrix}2 & -5 & 2 & -3 & 1\\ 1 & 2 & -1 & 3 & 2\\ -1 & 7 & -3 & 6 & 1\end{bmatrix}$$

$$\xrightarrow{(①,②)}\begin{bmatrix}1 & 2 & -1 & 3 & 2\\ 2 & -5 & 2 & -3 & 1\\ -1 & 7 & -3 & 6 & 1\end{bmatrix}$$

$$\xrightarrow[③+①]{②+①(-2)}\begin{bmatrix}1 & 2 & -1 & 3 & 2\\ 0 & -9 & 4 & -9 & -3\\ 0 & 9 & -4 & 9 & 3\end{bmatrix}$$

$$\xrightarrow[②\left(-\frac{1}{9}\right)]{③+②}\begin{bmatrix}1 & 2 & -1 & 3 & 2\\ 0 & 1 & -\frac{4}{9} & 1 & \frac{1}{3}\\ 0 & 0 & 0 & 0 & 0\end{bmatrix}$$

阶梯形矩阵中没有出现“0 0 … 0 d”($d\neq0$)行，这说明该线性方程组有解.继续将其化为行简化阶梯形矩阵，即

$$\overline{\mathbf{A}}\xrightarrow{①+②(-2)}\begin{bmatrix}1 & 0 & -\frac{1}{9} & 1 & \frac{4}{3}\\ 0 & 1 & -\frac{4}{9} & 1 & \frac{1}{3}\\ 0 & 0 & 0 & 0 & 0\end{bmatrix}$$

方程组的一般解为

$$\begin{cases}x_1=\dfrac{1}{9}x_3-x_4+\dfrac{4}{3},\\ x_2=\dfrac{4}{9}x_3-x_4+\dfrac{1}{3},\end{cases}\text{其中 } x_3,x_4 \text{ 是自由未知量.}$$

【对照练习1】解线性方程组

$$\begin{cases}2x_1-5x_2+3x_3=1\\5x_1-8x_2+5x_3=3\\x_1-7x_2+4x_3=0\\4x_1-x_2+x_3=3\end{cases}$$

解 对增广矩阵做初等行变换,有

$$\overline{\mathbf{A}}=\begin{bmatrix}2&-5&3&1\\5&-8&5&3\\1&-7&4&0\\4&-1&1&3\end{bmatrix}\xrightarrow{(①,③)}\begin{bmatrix}\quad&\quad&\quad&\quad\\ \\ \\ \\ \end{bmatrix}$$

$$\xrightarrow{(\quad)}\begin{bmatrix}1&-7&4&0\\0&&&\\0&&&\\0&&&\end{bmatrix}\xrightarrow{(\quad)}\begin{bmatrix}1&-7&4&0\\0&1&-\frac{5}{9}&\frac{1}{9}\\0&0&0&0\\0&0&0&0\end{bmatrix}$$

$$\xrightarrow{(\quad)}\begin{bmatrix}1&0&&\\0&1&&\\&&&\\&&&\end{bmatrix}$$

所以方程组的一般解为(　　)[其中(　　)是自由未知量].

【自我练习 1】解线性方程组

$$\begin{cases}x_1+x_2-2x_3+x_4=5\\2x_1+x_2+2x_3-x_4=0\\-x_1-2x_2+8x_3-4x_4=-1\end{cases}$$

例 2 当 a,b 为何值时,线性方程组

$$\begin{cases}x_1+3x_2+x_3=0\\3x_1+2x_2+3x_3=-1\\-x_1+4x_2+ax_3=b\end{cases}$$

有唯一解、有无穷多解或无解?

【分析】判断带参数的线性方程组解的情况时,首先将增广矩阵化为阶梯形矩阵,然后讨论参数取不同值时的 $r(\mathbf{A})$ 与 $r(\overline{\mathbf{A}})$,并与未知量的个数 n 相比较,结合线性方程组解的判定定理,判断线性方程组是否有解,当它有解时,是有唯一解还是有无穷多解.

解 将方程组的增广矩阵化为阶梯形矩阵,即

$$\overline{\boldsymbol{A}}=\begin{bmatrix}1&3&1&0\\3&2&3&-1\\-1&4&a&b\end{bmatrix}\xrightarrow[③+①]{②+①(-3)}\begin{bmatrix}1&3&1&0\\0&-7&0&-1\\0&7&a+1&b\end{bmatrix}$$

$$\xrightarrow{③+②}\begin{bmatrix}1&3&1&0\\0&-7&0&-1\\0&0&a+1&b-1\end{bmatrix}$$

由线性方程组解的判定定理可知

当 $a=-1$ 且 $b\neq1$ 时，$r(\boldsymbol{A})<r(\overline{\boldsymbol{A}})$，方程组无解.

当 $a=-1$ 且 $b=1$ 时，$r(\boldsymbol{A})=r(\overline{\boldsymbol{A}})=2<3$，方程组有无穷多解.

当 $a\neq-1$ 时，$r(\boldsymbol{A})=r(\overline{\boldsymbol{A}})=3$，方程组有唯一解.

【对照练习 2】讨论当 a,b 为何值时，线性方程组

$$\begin{cases}x_1+2x_2+ax_3=4\\x_1+bx_2+x_3=3\\x_1+2x_2+x_3=3\end{cases}$$

有解.若有解，它何时有唯一解？它何时有无穷多解？

解 对增广矩阵做初等行变换，有

$$\overline{\boldsymbol{A}}=\begin{bmatrix}1&2&a&4\\1&b&1&3\\1&2&1&3\end{bmatrix}\xrightarrow{(\quad)}\begin{bmatrix}1&2&a&4\\0&&&\\0&&&\end{bmatrix}$$

$$\xrightarrow{(\quad)}\begin{bmatrix}1&2&a&4\\0&b-2&0&0\\0&0&1-a&-1\end{bmatrix}$$

根据线性方程组解的判定定理，当(　　)时，线性方程组无解；当(　　)时，线性方程组有解.此时，若(　　)，则 $r(\boldsymbol{A})=r(\overline{\boldsymbol{A}})=3$(等于未知量的个数)，线性方程组有(　　)解；若(　　)，则 $r(\boldsymbol{A})=r(\overline{\boldsymbol{A}})=2$(小于未知量的个数)，线性方程组有(　　)解.

【自我练习 2】当 a,b 为何值时，线性方程组

$$\begin{cases}x_1+3x_2+2x_3=0\\2x_1+5x_2+3x_3=2\\-x_1+2x_2+ax_3=b\end{cases}$$

有唯一解、无穷多解或无解.

例 3 解矩阵方程 $\boldsymbol{AX}=\boldsymbol{B}$，其中

$$\boldsymbol{A}=\begin{bmatrix}1&-2&3\\-2&5&1\\1&-1&2\end{bmatrix},\quad \boldsymbol{B}=\begin{bmatrix}2&3\\0&-1\\1&2\end{bmatrix}$$

【分析】 用消元法解矩阵方程类似于用消元法解线性方程组.将系数矩阵和常数矩阵组成新矩阵$[\boldsymbol{A} \vdots \boldsymbol{B}]$(相当于增广矩阵).如果$\boldsymbol{A}$是可逆矩阵,则用初等行变换,可将$[\boldsymbol{A} \vdots \boldsymbol{B}]$化为行简化阶梯形矩阵$[\boldsymbol{I} \vdots \boldsymbol{C}]$,其中$\boldsymbol{I}$是单位矩阵.此时,$\boldsymbol{X}=\boldsymbol{C}$就是矩阵方程的唯一解.

解　对增广矩阵做初等行变换,有

$$[\boldsymbol{A} \vdots \boldsymbol{B}]=\begin{bmatrix} 1 & -2 & 3 & 2 & 3 \\ -2 & 5 & 1 & 0 & -1 \\ 1 & -1 & 2 & 1 & 2 \end{bmatrix}$$

$$\xrightarrow[③+①(-1)]{②+①2}\begin{bmatrix} 1 & -2 & 3 & 2 & 3 \\ 0 & 1 & 7 & 4 & 5 \\ 0 & 1 & -1 & -1 & -1 \end{bmatrix}$$

$$\xrightarrow{③+②(-1)}\begin{bmatrix} 1 & -2 & 3 & 2 & 3 \\ 0 & 1 & 7 & 4 & 5 \\ 0 & 0 & -8 & -5 & -6 \end{bmatrix}$$

$$\xrightarrow{③\left(-\frac{1}{8}\right)}\begin{bmatrix} 1 & -2 & 3 & 2 & 3 \\ 0 & 1 & 7 & 4 & 5 \\ 0 & 0 & 1 & \frac{5}{8} & \frac{3}{4} \end{bmatrix}$$

$$\xrightarrow[②+③(-7)]{①+③(-3)}\begin{bmatrix} 1 & -2 & 0 & \frac{1}{8} & \frac{3}{4} \\ 0 & 1 & 0 & -\frac{3}{8} & -\frac{1}{4} \\ 0 & 0 & 1 & \frac{5}{8} & \frac{3}{4} \end{bmatrix}$$

$$\xrightarrow{①+②2}\begin{bmatrix} 1 & 0 & 0 & -\frac{5}{8} & \frac{1}{4} \\ 0 & 1 & 0 & -\frac{3}{8} & -\frac{1}{4} \\ 0 & 0 & 1 & \frac{5}{8} & \frac{3}{4} \end{bmatrix}$$

所以矩阵方程有唯一解

$$\boldsymbol{X}=\begin{bmatrix} -\frac{5}{8} & \frac{1}{4} \\ -\frac{3}{8} & -\frac{1}{4} \\ \frac{5}{8} & \frac{3}{4} \end{bmatrix}$$

【对照练习 3】 解矩阵方程 $\boldsymbol{XA}=\boldsymbol{B}$，其中

$$\boldsymbol{A}=\begin{bmatrix}1 & 4 & -3\\ -2 & -2 & 1\\ 0 & -1 & 2\end{bmatrix},\quad \boldsymbol{B}=\begin{bmatrix}-1 & 6 & -3\\ 4 & 11 & -9\\ 1 & 1 & 3\end{bmatrix}$$

解 先在方程两边同时求转置，可得

$$\left(\qquad\qquad\right)\boldsymbol{X}^{\mathrm{T}}=\left(\qquad\qquad\right)$$

再用初等行变换，将矩阵$[\boldsymbol{A}^{\mathrm{T}} \vdots \boldsymbol{B}^{\mathrm{T}}]$化为行简化阶梯形矩阵，即

$$[\boldsymbol{A}^{\mathrm{T}} \vdots \boldsymbol{B}^{\mathrm{T}}]=\left[\begin{array}{ccc:ccc}1 & -2 & 0 & -1 & 4 & 1\\ 4 & -2 & -1 & 6 & 11 & 1\\ -3 & 1 & 2 & -3 & -9 & 3\end{array}\right]$$

$$\xrightarrow[\text{③}+\text{①}3]{\text{②}+\text{①}(-4)}\left[\begin{array}{ccc:ccc}1 & -2 & 0 & -1 & 4 & 1\\ 0 & & & & & \\ 0 & & & & & \end{array}\right]$$

$$\xrightarrow{\text{②}+\text{③}}\left[\begin{array}{ccc:ccc}1 & -2 & 0 & -1 & 4 & 1\\ 0 & 1 & 1 & 4 & -2 & 3\\ 0 & & & & & \end{array}\right]$$

$$\xrightarrow{\text{③}+\text{②}5}\left(\qquad\qquad\right)$$

$$\xrightarrow[\text{②}+\text{③}(-1)]{\text{③}\frac{1}{7}}\left(\qquad\qquad\right)$$

$$\xrightarrow{\text{①}+\text{②}2}\left[\begin{array}{ccc:ccc}1 & 0 & 0 & 3 & 2 & 1\\ 0 & 1 & 0 & 2 & -1 & 0\\ 0 & 0 & 1 & 2 & -1 & 3\end{array}\right]$$

可得

$$\boldsymbol{X}^{\mathrm{T}}=\left(\qquad\qquad\right)$$

故原矩阵方程的解是

$$X=\begin{pmatrix} & & \\ & & \\ & & \end{pmatrix}$$

【自我练习 3】 解矩阵方程 $\boldsymbol{AX}+\boldsymbol{B}=3\boldsymbol{I}$，其中

$$\boldsymbol{A}=\begin{bmatrix}-1 & 1 & -5\\ -1 & 1 & -2\\ 0 & -1 & 0\end{bmatrix},\quad \boldsymbol{B}=\begin{bmatrix}2 & 1 & 0\\ 0 & -1 & 1\\ 4 & 3 & 1\end{bmatrix}$$

练习解答

对照练习

1. $\begin{bmatrix}1 & -7 & 4 & 0\\ 5 & -8 & 5 & 3\\ 2 & -5 & 3 & 1\\ 4 & -1 & 1 & 3\end{bmatrix}$，$\begin{matrix}②+①(-5)\\ ③+①(-2)\\ ④+①(-4)\end{matrix}$，$\begin{bmatrix}1 & -7 & 4 & 0\\ 0 & 27 & -15 & 3\\ 0 & 9 & -5 & 1\\ 0 & 27 & -15 & 3\end{bmatrix}$，$\begin{matrix}②\frac{1}{27}\\ ③+②(-9)\\ ④+②(-27)\end{matrix}$（答案不唯一），①+②7，$\begin{bmatrix}1 & 0 & \frac{1}{9} & \frac{7}{9}\\ 0 & 1 & -\frac{5}{9} & \frac{1}{9}\\ 0 & 0 & 0 & 0\\ 0 & 0 & 0 & 0\end{bmatrix}$，$\begin{cases}x_1=-\frac{1}{9}x_3+\frac{7}{9},\\ x_2=\frac{5}{9}x_3+\frac{1}{9},\end{cases}$ x_3.

2. $\begin{matrix}②+①(-1)\\ ③+①(-1)\end{matrix}$，$\begin{bmatrix}1 & 2 & a & 4\\ 0 & b-2 & 1-a & -1\\ 0 & 0 & 1-a & -1\end{bmatrix}$，②+③(−1)，$a=1$，$a\neq1$，$b\neq2$，唯一，$b=2$，无穷多.

3. $\begin{bmatrix}1 & -2 & 0\\ 4 & -2 & -1\\ -3 & 1 & 2\end{bmatrix}$，$\begin{bmatrix}-1 & 4 & 1\\ 6 & 11 & 1\\ -3 & -9 & 3\end{bmatrix}$，$\left[\begin{array}{ccc:ccc}1 & -2 & 0 & -1 & 4 & 1\\ 0 & 6 & -1 & 10 & -5 & -3\\ 0 & -5 & 2 & -6 & 3 & 6\end{array}\right]$，

$\left[\begin{array}{ccc:ccc}1 & -2 & 0 & -1 & 4 & 1\\ 0 & 1 & 1 & 4 & -2 & 3\\ 0 & -5 & 2 & -6 & 3 & 6\end{array}\right]$，$\left[\begin{array}{ccc:ccc}1 & -2 & 0 & -1 & 4 & 1\\ 0 & 1 & 1 & 4 & -2 & 3\\ 0 & 0 & 7 & 14 & -7 & 21\end{array}\right]$，

$\left[\begin{array}{ccc:ccc}1 & -2 & 0 & -1 & 4 & 1\\ 0 & 1 & 0 & 2 & -1 & 0\\ 0 & 0 & 1 & 2 & -1 & 3\end{array}\right]$，$\begin{bmatrix}3 & 2 & 1\\ 2 & -1 & 0\\ 2 & -1 & 3\end{bmatrix}$，$\begin{bmatrix}3 & 2 & 2\\ 2 & -1 & -1\\ 1 & 0 & 3\end{bmatrix}$.

自我练习

1. 无解.

2. 当 $a=3$ 且 $b\neq-10$ 时,线性方程组无解;当 $a=3$ 且 $b=-10$ 时,线性方程组有无穷多解;当 $a\neq3$ 且 b 为任意常数时,线性方程组有唯一解.

3. $\boldsymbol{X}=\frac{1}{3}\begin{bmatrix}14 & -13 & -1\\12 & 9 & -6\\-1 & 5 & -1\end{bmatrix}$.

参考文献

[1]李林曙,黎诣远．经济数学基础:线性代数[M]. 2版．北京:高等教育出版社,2010.

[2]顾静相．经济应用数学:上册[M]. 3版．北京:高等教育出版社,2019.

[3]丘维声．高等代数:上册[M]. 2版．北京:清华大学出版社,2019.

[4]吴传生．经济数学:线性代数[M]. 3版．北京:高等教育出版社,2015.

[5]卢刚．线性代数[M]. 3版．北京:高等教育出版社,2009.

[6]胡显佑．经济应用数学基础(二):线性代数[M]. 2版．北京:高等教育出版社,2012.

[7]孙芳烈,顾国章,周嘉健．高等数学[M]. 上海:复旦大学出版社,1995.

[8]廷布雷尔．经济数学[M]. 姚孟臣,刘勇,等译．北京:北京大学出版社,1992.

[9]米斯拉希,沙利文．数学在经营管理、社会科学中应用入门[M]. 李毓芝,等译.北京:中央广播电视大学出版社,1987.

[10]施光燕．线性代数[M]. 北京:中央广播电视大学出版社,1993.

[11]姚秀凤.《九章算术》方程术与初等变换之实例详解[J]. 数学学习与研究,2019(19):22.

习题答案

习题 1

一、单项选择题

1. D. 2. B. 3. A. 4. C. 5. D.

二、填空题

1. $\begin{vmatrix} 1 & 3 \\ 1 & 1 \end{vmatrix}$.

2. $A_{ij}=(-1)^{i+j}M_{ij}$.

3. 18.

4. 4.

三、计算题

1. (1)1;(2)0;(3)0;(4)0;(5)5;(6)$-w^4+3w^2-2w$.

2. $A_{23}=-\begin{vmatrix} 5 & -3 & 1 \\ 1 & 0 & 7 \\ 0 & 3 & 2 \end{vmatrix}$,$A_{33}=\begin{vmatrix} 5 & -3 & 1 \\ 0 & -2 & 0 \\ 0 & 3 & 2 \end{vmatrix}$,$D=-176$.

3. (1)1;(2)1;(3)1;(4)$a_{41}A_{41}+a_{42}A_{42}+a_{43}A_{43}+a_{44}A_{44}$.

4. (1)0;(2)0;(3)48;(4)$(a-1)^2(a-10)$;(5)-4;(6)-23;(7)-3;(8)-340.

5. (1)$x=\pm 1$ 和 $x=\pm 2$;(2)$x=0$(二重)和 $x=\pm 2$.

6. (1)$x_1=3,x_2=4,x_3=-\dfrac{3}{2}$;

(2)$x_1=1,x_2=-2,x_3=-3$;

(3)$x_1=0,x_2=\dfrac{4}{5},x_3=\dfrac{3}{5},x_4=-\dfrac{7}{5}$;

(4)$x_1=-32,x_2=\dfrac{95}{3},x_3=\dfrac{40}{3},x_4=-20$.

7. 当 $k=4$ 或 $k=-1$ 时,齐次线性方程组有非零解.

8. 不正确.因为系数行列式 $D=-30\neq 0$,所以齐次线性方程组只有零解.

习题 2

一、单项选择题

1. B. 2. C. 3. B. 4. C. 5. B.

二、填空题

1. $m=s,n=t$ 且 $a_{ij}=b_{ij}(i=1,2,\cdots,m;j=1,2,\cdots,n)$.

2. -72.

3. $\boldsymbol{O}$.

4. $(\boldsymbol{A}^{-1})^{\mathrm{T}}$.

5. $\boldsymbol{A}^{-1}=\begin{bmatrix}1&0&0\\0&\frac{1}{2}&0\\0&0&-1\end{bmatrix}$.

三、计算题

1. (1) $\begin{bmatrix}7&1&1\\2&5&6\\1&6&7\end{bmatrix}$;(2) $\begin{bmatrix}10&7&4\\5&2&6\\4&6&10\end{bmatrix}$;(3) $\begin{bmatrix}0&-2&-2\\2&0&4\\4&-4&0\end{bmatrix}$.

2. 当 $\lambda=\frac{9}{4}$ 时,矩阵的秩的最小值为 2.

3. 4.

4. $\frac{1}{35}\begin{bmatrix}13&-2&8\\7&7&7\\-11&-1&4\end{bmatrix}$.

5. (1) $\frac{1}{6}\begin{bmatrix}6&2\\-6&-1\\-18&-5\end{bmatrix}$;(2) $\begin{bmatrix}20&-15&13\\-105&77&-58\end{bmatrix}$.

四、证明题

(1)提示:利用可逆矩阵的性质证明;

(2)提示:证明 $(\boldsymbol{AB}+\boldsymbol{BA})^{\mathrm{T}}=\boldsymbol{AB}+\boldsymbol{BA}$;

(3) $(\boldsymbol{I}-\boldsymbol{A})^{-1}=\boldsymbol{I}+\boldsymbol{A}$;

(4)提示:考查 $\boldsymbol{A},\boldsymbol{B},\boldsymbol{C}$ 的行数和列数.

习题 3

一、单项选择题

1. D.　2. D.　3. B.　4. D.　5. C.

二、填空题

1. $\begin{cases}x_1=x_3+4x_4+3,\\x_2=x_3-2x_4-5\end{cases}$(其中 x_3,x_4 是自由未知量).

2. (1) $=0$, $\neq 0$; (2) $=0$, $=0$; (3) $\neq 0$, 是任意常数.

3. 零, 非零.

4. $=1$.

5. $\begin{cases} x_1 = 2 - x_2, \\ x_3 = 1 - x_4, \\ x_5 = 1 \end{cases}$ (其中 x_2, x_4 是自由未知量).

三、计算题

1. (1) $\begin{cases} x_1 = \dfrac{3}{2}x_3 + \dfrac{5}{4}, \\ x_2 = \dfrac{3}{2}x_3 - \dfrac{1}{4} \end{cases}$ (其中 x_3 是自由未知量);

(2) $\begin{cases} x_1 = 7x_3 - 18x_4 + 8, \\ x_2 = -3x_3 + 7x_4 - 3 \end{cases}$ (其中 x_3, x_4 是自由未知量);

(3) $\begin{cases} x_1 = 4, \\ x_2 = -\dfrac{3}{2}, \\ x_3 = \dfrac{1}{2}; \end{cases}$

(4) 无解;

(5) $\begin{cases} x_1 = 5x_3 - 2x_4, \\ x_2 = -2x_3 + 3x_4 \end{cases}$ (其中 x_3, x_4 是自由未知量);

(6) 只有零解.

2. 当 $c=1$ 且 $d=-1$ 时, 方程组有无穷多解, 一般解为

$$\begin{cases} x_1 = x_3 + x_4 - 2, \\ x_2 = -2x_3 - 2x_4 + 3, \end{cases} \text{其中 } x_3, x_4 \text{ 是自由未知量}$$

3. 当 $\lambda = 8$ 时, 方程组有无穷多解, 一般解是

$$\begin{cases} x_1 = -8x_3 + 5x_4 - 1, \\ x_2 = -13x_3 + 9x_4 - 3, \end{cases} \text{其中 } x_3, x_4 \text{ 是自由未知量}$$

4. (1) $\boldsymbol{X} = \begin{bmatrix} 6 & 9 & -\dfrac{7}{2} \\ -5 & -16 & \dfrac{13}{2} \end{bmatrix}$;

(2) $\boldsymbol{X} = \dfrac{1}{20}\begin{bmatrix} -16 & 26 & -32 \\ -6 & 11 & 8 \\ 34 & 11 & 8 \end{bmatrix}$.

关键词索引